HEINZ-JÜRGEN SASS · KATAMARANE UND ANDERE MEHRRUMPFBOOTE

HEINZ-JÜRGEN SASS

Katamarane und andere Mehrrumpfboote

3. verbesserte Auflage

VERLAG KLASING & CO GMBH, BIELEFELD

ISBN 3-87412-029-5

Titel der schwedischen Originalausgabe
CATAMARANER OCH ANDRA FLERSKROVSBATAR
Albert Bonniers Forlag AB Stockholm

Einband: Siegfried Berning
Die Rechte für die deutsche Ausgabe liegen beim
Verlag Klasing & Co GmbH, Bielefeld
Printed in Germany 1977
Druck: Kunst- und Werbedruck, Bad Oeynhausen

Inhalt

Einleitung

Dieses Buch wendet sich in erster Linie an Anfänger und Amateurbootsbauer, die Interesse für Mehrrumpfboote haben, und behandelt nur das, was diese Art Boote betrifft. Im übrigen weisen wir auf die allgemeine Bootsliteratur hin und nehmen auch darauf Bezug. Das Buch erhebt nicht den Anspruch, vollständig zu sein: Motor- und Hausboote dieses Typs werden nicht behandelt. Es beschäftigt sich hauptsächlich mit dem, was mit dem Regattasegeln zusammenhängt.
Der Inhalt baut auf Fragen auf, die dem Verfasser bei Konstruktion, Anschaffung oder Bau von Mehrrumpfbooten immer wieder gestellt wurden. Da die Entwicklung sehr schnell weitergeht, besteht natürlich das Risiko, daß einzelne Auslegungen schon wieder veraltet sind. Es handelt sich hier um den aktuellen Stand von 1977. Da große Gebiete in der Bootsbaukunst relativ wenig erforscht sind und die Auffassungen oft gefühlsmäßig begründet werden, ist es möglich, daß Verfasser und Leser nicht immer gleicher Meinung sind. Forschung und neue Tatsachen können eine Überprüfung der Standpunkte erforderlich machen.
Eine der wichtigsten Aufgaben des Buches soll es sein, bei der Wahl eines Bootes und bei der Bestellung einer Neukonstruktion zu helfen. Außerdem soll es eine Vervollständigung der Standardzeichnungen für Selbstbauer sein.
Die Entwicklung auf dem Gebiet der Mehrrumpfboote ist außerordentlich schnell gegangen. Im Anfang nahm man oft — besonders bei Kreuzern — Beziehung auf das, was für Kielboote gilt, und die Resultate entsprachen daher häufig nicht den Erwartungen. Die Mehrrumpfboote gerieten dadurch in einen gewissen Mißkredit. Aber infolge verbesserter Segeleigenschaften und eines ästhetisch mehr ansprechenden Äußeren hat

man begonnen, diese Boote zu akzeptieren, da sie sich als sehr schnell und seetauglich erwiesen haben. Gewöhnlich bieten Mehrrumpfboote auch bedeutend mehr Raum für das Geld, da sie ja relativ leicht sind, und bekanntlich steht das Gewicht im Verhältnis zum Kilopreis und umgekehrt; dennoch sollte der Kilopreis für ein Mehrrumpfboot etwas höher sein als für ein Kielboot.

Da Katamarane und Trimarane nicht krängen, kann auch der Nichtsegler eine Segelfahrt genießen. Auch in hartem Wetter kann man auf Mehrrumpfbooten normal leben und sich bewegen. Da sie, ebenso wie andere Schwertboote, einen geringen Tiefgang haben, stehen ihnen große Reviere offen. Gebiete, die Kielbooten verschlossen sind, sind auch für große Seekreuzer dieses Typs zugänglich.

Durch die große Breite hat man auf Mehrrumpfbooten bedeutend mehr Platz, als man es von Kielbooten gewöhnt ist. Dieser Platz kann natürlich ganz anders aufgeteilt werden, ohne daß die Bequemlichkeit darunter leidet.

Das Katamaransegeln war relativ frei von hemmenden Regelbestimmungen, was stark zur schnellen Entwicklung und Ausbreitung beigetragen hat. Rennsegeln geschieht hauptsächlich in Einmann- bzw. Zweimann-Regattabooten. In den freien Regeln gibt es augenblicklich nur zwei international zugelassene Einheitsklassen: Tornado und Dart. Die Kreuzer segeln wie Kielboote hauptsächlich mit Handikap.

Die hohe Endgeschwindigkeit verleitet dazu, auch an eine hohe Durchschnittsgeschwindigkeit zu glauben. Will man diese aber erreichen, muß man die Boote sehr hart segeln. Das größte Vergnügen beim Segeln mit Mehrrumpfbooten liegt in ihrem schnellen Reagieren. Durch einen kleinen Segeltrimm oder eine andere Belastung des Bootes ändert man sofort die Reaktion. Man braucht nicht wie gewöhnlich ein anderes Boot oder einen Fahrtmesser zum Vergleich.

Gegen die Mehrrumpfboote spricht ihre große Breite und der Platz, den sie am Klubsteg einnehmen. Man kann sie aber auf sehr flaches Wasser legen, da sie ja je nach Größe nur 20 bis 40 cm Tiefgang haben. Auch die Winteraufbewahrung kann wegen der großen Breite Schwierigkeiten machen. Das gilt aber nur für Kreuzer, da die meisten Regattaboote sich

demontieren lassen und dann nicht viel Platz beanspruchen. Dagegen kann ein Kreuzer ohne Slip auf jedem flachen Strand an Land genommen werden.
Weil das Segeln mit Mehrrumpfbooten eine relative Neuigkeit ist, ist es natürlich besonderer Aufmerksamkeit ausgesetzt. Alle Unglücke werden mit großen Schlagzeilen veröffentlicht. Z. B. beim Einhand-Atlantikrennen 1968, als zwei schon vorher als nicht seetüchtig beurteilte Trimarane verunglückten, während man überhaupt nicht beachtete, daß auch zwei Kielboote sanken. Der Vorteil solcher Publizität liegt aber auch darin, daß man schnell analysieren kann, welche Fehler gemacht wurden und wie man sie abstellen kann.
Bei der Einhand-Atlantikregatta 1972 wurden die Verhältnisse besser, weil die Forderungen an die Teilnehmer höher und die Ausrüstungen und der Bau der Boote besser waren.

Tragflügelboot, konstruiert und gebaut von Peter Westerberg. Hier mit einem YW-Rigg versehen.

Verschiedene Typen

Ein *Katamaran* ist ein Fahrzeug, das aus zwei gleichartigen Rümpfen besteht, die durch eine Brücke miteinander verbunden sind. Bei hartem Wind sind sie außerordentlich schnell, ebenso bei leichtem Wetter, wobei sie aber sehr aufmerksam gesegelt werden müssen. Als Kreuzer bieten sie großen bewohnbaren Platz auch bei kleinen Abmessungen. Ein gut konstruierter Katamaran hat sehr ruhige Bewegungen im Seegang.
Ein *Trimaran* besteht aus einem Mittelrumpf und zwei kleineren Stützrümpfen auf beiden Seiten. Der Trimaran soll normal nur mit dem Mittelrumpf im Wasser liegen, wobei die Besatzung sich nach Luv begibt, was gute Leichtwindeigenschaften zur Folge hat. Ein Regattatrimaran sollte immer nur auf dem Mittelrumpf gesegelt werden und den Ausleger nur im Notfall benutzen. Bei kleineren Kreuzern dieses Typs kann man gewöhnlich die Ausleger nicht als Wohnraum benutzen, so daß ein Trimaran nicht denselben Platz ergibt, wie ein gleich großer Katamaran. Das Kenterrisiko ist in der Theorie bei beiden Booten gleich groß, nur warnt ein Trimaran bedeutend früher und kann auch mehr gekrängt werden.
Die *Proa* kommt ursprünglich aus Mikronesien. Sie segelt immer mit Wind von der Auslegerseite. Der Hauptrumpf ist vorn und achtern gleich und die Besatzung sitzt bei hartem Wetter auf dem Ausleger. Sie wird gewöhnlich mit einem Paddel gesteuert, das seinen Platz ändert, wenn das Boot auf den anderen Bug gelegt wird. Um die Abdrift zu verringern, kann man sie auch mit einem asymmetrischen Rumpf versehen. Beim Segeln spricht man von Einmanns-, Zweimanns- und Dreimannswind, je nachdem wieviel Besatzungsmitglieder auf dem Ausleger sitzen. Man hat sie in ihrem Ursprungsland bis zu 40 Fuß Länge gebaut. Da man aber von der Länge des Bauholzes (Einbaum) abhängig war, hat man bei größerem Platzbedarf Katamarane angewendet.

Das *einfache Auslegerboot* ist eine Abart der Proa. Man segelt immer in derselben Richtung und hat den Ausleger in Luv oder Lee. In Amerika gibt es eine Einheitsklasse mit dem Namen Malibuausleger. Versieht man den Ausleger mit einem Schwert, das schräg nach innen gestellt ist, ergibt sich eine hebende bzw. ziehende Kraftkomponente und man erhält ein in der Theorie unkenterbares Boot. Auf diesen Typ werden wir später näher eingehen.

Eine *umgewendete Proa* kann man das Boot nennen, das auf den dritten Platz im Einhand-Transatlantikrennen kam: „Cheers". Es führte den Ausleger immer in Lee. Die Rümpfe waren im Prinzip gleich, doch der Hauptrumpf war mit Kajüte und größeren Aufbauten versehen. Auf dem Hauptrumpf saßen zwei nicht verstagte Masten mit ca. 30 m² Segel. „Cheers" zeigte sich sehr leichtsegelnd und brauchte durch die Anordnung mit zwei Segeln und zwei Schwertern keine besondere Selbststeueranlage.

Tragflächenboote sollen hier auch genannt werden. Ihre Schwierigkeit besteht bis jetzt darin, sie auch bei leichtem Wind auf Fahrt zu bringen. Sie beschleunigen durch den scheinbaren Wind, mit dem sie bei höheren Geschwindigkeiten segeln, sehr schnell, um dann zu tauchen, wenn eine Tragfläche aus irgendeinem Grund den Kontakt mit der Wasseroberfläche verliert. Außerdem sind die Tragflächen sehr empfindlich, was die Form und den Anstellwinkel zum Wasser betrifft. Tragflächenboote sind als Jollen, Trimarane, Katamarane usw. gebaut worden.

Ein Boot sollte wie ein Kunstwerk betrachtet, d. h. so akzeptiert werden, wie es ist oder nicht ist. Man sollte es nicht nach anderen Ansichten als denen des Konstrukteurs — des Künstlers — ändern. Sobald man es nach ökonomischen Gesichtspunkten beurteilt oder sich von ähnlichen Gründen leiten läßt, besteht die Gefahr, daß man nicht glücklich damit wird.

Ein Boot soll lange halten und wäre nichts für eine kurzsichtige wirtschaftliche Investierung. Besser also eine etwas teurere Konstruktion, an der man lange Zeit seine Freude hat und der man nicht müde wird. Man darf höchstens Rücksicht auf einen Umbau oder einen Austausch des Riggs nehmen.

Geschichte

Zum ersten Mal machten Europäer ernsthaft Bekanntschaft mit Mehrrumpfbooten durch die Reisen von Kapitän Cook in die Südsee in der Mitte des 18. Jahrhunderts. In seinen Büchern hat Cook verschiedene Typen von Katamaranen, Trimaranen und Auslegerbooten genau beschrieben. Doch scheinen die Europäer zu einfältig gewesen zu sein, um von den Eingeborenen zu lernen, denn die Entwicklung führte mehr und mehr zu schweren und schlecht segelnden Schiffen. Oft beruhte das auf verschiedenen Steuern und Abgaben, die man den Fahrzeugen auferlegte. Sie wurden nach gewissen Vorschriften vermessen und so gebaut, daß man nur wenig Abgaben zu bezahlen hatte. Die Entwicklung war ähnlich, wie man sie jetzt bei den modernen Seekreuzern sehen kann. Aber den Gedanken, die Boote so formstabil wie möglich, statt sie mit Ballast zu beladen, und damit leichter und schneller zu machen, hat es bei vielen fortschrittlichen Konstrukteuren schon gegeben.
Die erste ernst zu nehmende Konstruktion schuf William Petty zur Zeit Karl II. in England. Sein Boot „Experiment“ bestand aus zwei relativ schweren Rümpfen, zusammengehalten von einer allerdings zu leichten Brückenkonstruktion. Auf der Jungfernfahrt brach es in der Biskaya auseinander.
Statt daraus zu lernen, verwarf man die Konstruktion ganz und gar. Bekannt gewordene Versuche wurden erst wieder 1870 unternommen. Man baute eine Fähre, die „Pas de Calais“ hieß und im Englischen Kanal eingesetzt werden sollte, und auch eine Segelyacht. Die Fähre hatte aber See-Eigenschaften, die sie nicht geeignet für den Passagierdienst erscheinen ließen.
Einer der großen Yachtkonstrukteure — Nathaniel Herreshoff — baute

den ersten Regattakatamaran und startete mit dem 9,5 m langen Boot in einem Rennen des New-York-Yacht-Klub. Nach einem überlegenen Sieg verbot man ihm weitere Starts, weil man meinte, daß dieses kein Boot sei. Das scheint ein schicksalhafter Fehler in der Geschichte der Katamarane gewesen zu sein, denn Herreshoff befaßte sich danach nie wieder mit Mehrrumpfbooten.

In der modernen Zeit wurden die ersten Katamarane nach dem Krieg auf Hawaii gebaut. Für die Entwicklung der großen Kreuzerkatamarane zeichnen hauptsächlich Woody Brown, Rudy Choy und Alfred Kumalae verantwortlich. Diese bauten einige Katamarane für Aussichtsfahrten zwischen den Inseln. Der erste war „Manu Kai" mit einer Länge von 12 m und einer Segelfläche von 45 m^2. Diese Konstrukteurgruppe hat auch einige sehr seetüchtige Katamarane für Seeregatten geschaffen. Da sie vorher im Flugzeugbau tätig waren, konnten sie mit ihren Erfahrungen leichtere, stärkere und damit auch schnellere Boote bauen. Um das zu erreichen, waren sie gezwungen, selbst zu bauen, um so die ganze Produktion überwachen zu können.

Während so die großen seegehenden Katamarane hauptsächlich auf Hawaii entstanden, beschränkte man sich in England zunächst mehr auf kleine Boote. Die erste zufriedenstellende Konstruktion war „Shearwater III", gezeichnet und gebaut von den Gebrüdern Prout. Sie hatten mehrere Jahre mit Katamaranen experimentiert und gingen dabei von ihren Erfahrungen als Kanubauer aus. Die ersten Boote bestanden einfach aus zwei zusammengebauten Kanus. Es zeigte sich aber bald, daß die Rumpfform ungeeignet war.

Zum ersten Mal verglich man die Segeleigenschaften von Katamaranen mit konventionellen Booten bei den One-of-a-Kind-Regatten, die die Zeitschrift „Yachting" 1959 in Miami veranstaltete. Es nahmen nur wenige Katamarane daran teil, aber drei Stück plazierten sich an der Spitze, Robert Harris' Tiger-Cat auf dem ersten Platz. Man erkannte die Notwendigkeit von einheitlichen Regeln und bestimmte im Prinzip die jetzt geltende Einteilung der Regattaklassen.

Die erste Regatta um den „Little-America's-Cup" wurde im September 1961 zwischen Hellcat II, England, und Wild-Cat, USA, ausgetragen. Hell-

cat II siegte, und bis 1969 behielt England den „Little-America's-Cup", bis es ihn an Dänemark verlor. Australien war seit 1970 Besitzer des Pokales, verlor ihn aber 1976 an die USA.
Zur Zeit gibt es in der Bundesrepublik 600 Tornados, in Österreich 115, in der Schweiz ebenso wie in Schweden 120 Boote dieser Klasse; die Gesamtzahl liegt bei 2500. Mit der Zulassung der Tornados zu den Olympischen Spielen stieg das Interesse natürlich noch weiter an. Die Platzverteilung bei den Spielen 1976 war folgende: 1. Großbritannien, 2. USA, 3. Bundesrepublik, 4. Australien, 5. Schweden, 6. Schweiz.

Kieler Woche — Start der Tornado-Katamarane. Die Bundesrepublik verfügt mittlerweise über die stärkste Tornado-Flotte der Welt.

Rumpfform und Linienführung

Den Widerstand, der auf ein Boot einwirkt, wenn es sich durch das Wasser und die Luft bewegt, kann man wie folgt aufteilen: Reibungs-, Wellen- und Luftwiderstand.

Der Reibungswiderstand ist der größte und kann 66 bis 85 % des Gesamtwiderstandes ausmachen. Man muß ihm daher die größte Aufmerksamkeit schenken. Der Reibungswiderstand hängt von der Größe der „benetzten Fläche" und ihrer Beschaffenheit ab. Um diese Fläche so klein wie möglich zu machen, sollen unter anderem das Schwert und das Ruder so klein wie möglich gehalten werden, ergeben sie doch ca. 20 % der Gesamtfläche.

Die geringste benetzte Fläche erhält man mit einer kreisförmigen Unterwasserspantform. Alle hinteren Sektionen kann man kreisförmig machen und sie dann mit einem vertikalen Spiegel abschließen. Die Spantform zum Vorsteven spitzt man mehr und mehr zu. Bei schwereren Booten, etwa bei Kreuzern, muß man auch in den Endschiffen das Deplacement größer halten, wenn man einen kleinen Nullspant und damit auch eine kleine benetzte Fläche erhalten will. Die Schwierigkeit, das zu erreichen, besteht in dem Kompromiß zwischen der benetzten Fläche und dem Wellenwiderstand.

Das Achterschiff kann man kanuförmig ausbilden, was auf den australischen Katamaranen gebräuchlich ist. Dadurch wird die benetzte Fläche auch im Achterschiff kleiner, aber die Empfindlichkeit des Bootes für die Plazierung der Besatzung steigt. Außerdem wächst die benetzte Fläche, wenn das Boot krängt, auf Grund des relativ kleinen Deplacementzuwachses. Meistens gibt man daher den Mehrrumpfbooten einen Achterspiegel, der eine Verkleinerung des Nullspantes ist, wodurch man eine

Spantriß für einen Katamaranrumpf. Er ist nur ein Beispiel und kann verschiedenen Bootstypen und örtlichen Verhältnissen angepaßt werden.

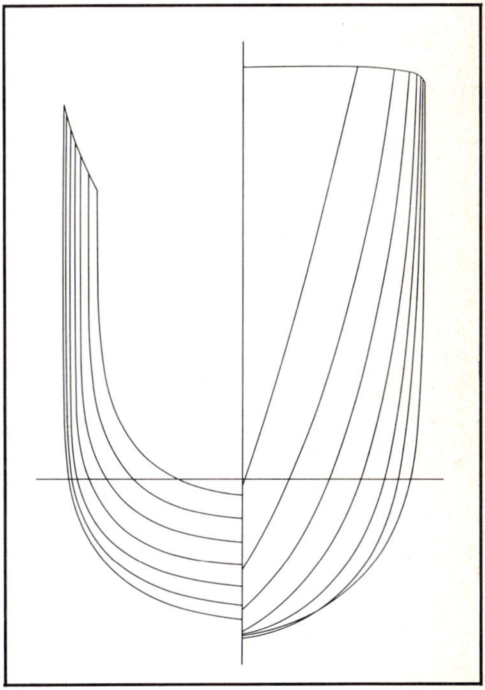

kleinere benetzte Fläche beim Krängen erhält. Um die benetzte Fläche bei leichtem Wind zu verringern, kann man das Achterschiff etwas höher trimmen, indem die Besatzung sich mehr nach vorne plaziert. (Diese Aussage ist heftig umstritten. So räumte beispielsweise die CSK-Konstruktion „Patty Cat" (asymmetrische Rümpfe) alles Silber bei Pacific-Rennen ab). Rennboote soll man möglichst immer auf einem Rumpf segeln und darauf muß die Konstruktion Rücksicht nehmen, d. h. ein Rumpf muß das ganze Deplacement tragen können.

Versuche mit asymmetrischen Rümpfen bei Katamaranen haben ergeben, daß sie bei niedrigen und hohen Geschwindigkeiten unterlegen sind.

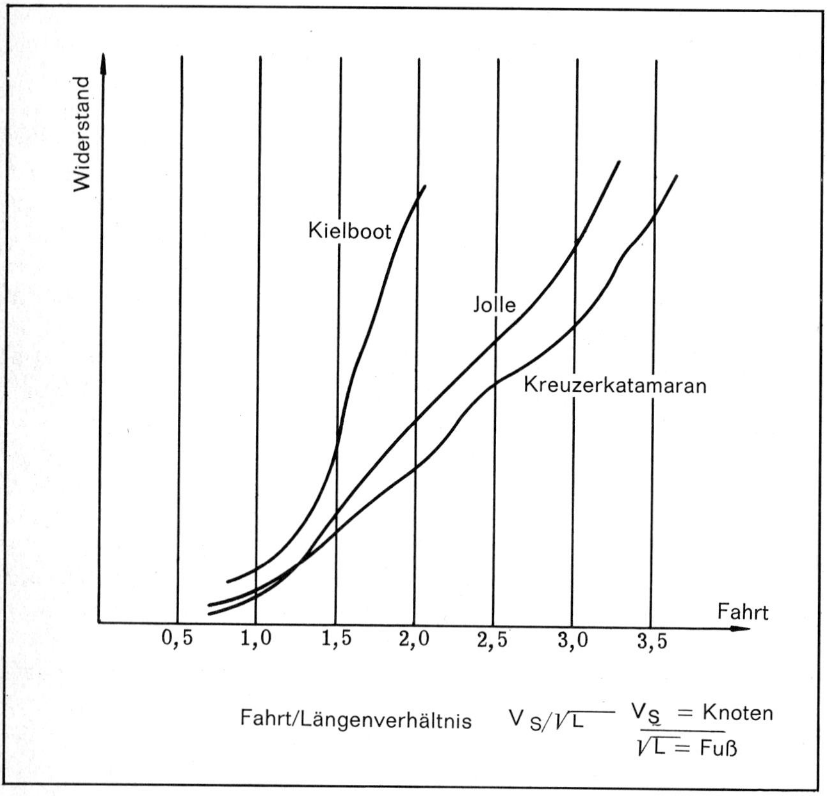

Diagramm für den Wasserwiderstand einiger Boote bei verschiedenen Geschwindigkeiten. Die Katamarankurve weist einige Sprünge auf, die von der Wellenbildung zwischen den Rümpfen bei unterschiedlicher Fahrt herrühren. Das Fahrt/Längenverhältnis ist die Fahrt in Knoten dividiert durch die Wurzel aus der Wasserlinienlänge in engl. Fuß.

Nur im mittleren Bereich sind sie unbedeutend besser. Um ein tiefes Schwert zu vermeiden, wendet man asymmetrische Rümpfe auf den polynesischen Proas an.
Auch die Ausleger von Trimaranen kann man asymmetrisch machen, um die Abdrift zu verringern. Um eine unnötig große benetzte Fläche bei Trimaranen zu vermeiden, sollen sie so konstruiert sein, daß stets ein Ausleger in der Luft und frei vom Wasser hängt. Kleine Trimarane soll man am besten so segeln, daß nur der Mittelrumpf im Wasser ist und man dadurch die kleinstmögliche benetzte Fläche erhält. Die Ausleger werden nur beim Wenden und als Stützen bei hartem Wind benutzt. Über das Deplacement der Ausleger bei Trimaranen gehen die Meinungen auseinander. Die eine Seite will, daß sie ein kleineres Deplacement als das Gewicht des ganzen Bootes haben, damit sie ganz unter Wasser gedrückt werden, ehe der Mittelrumpf sich anhebt. Die andere Seite möchte dem Ausleger ein größeres Deplacement geben als das ganze Boot besitzt. Dabei kann es aber passieren, daß das Boot über den Ausleger kentert. Das Deplacement des Auslegers soll so weit vorn liegen, daß ein Tauchen und dadurch ein Kentern über ihn vermieden wird.
Um den Wellenwiderstand zu verringern, macht man die Spantfüße achtern etwas flacher. Bei Rennbooten ist dieses kein Problem, da der Wellenwiderstand durch die schmalen Rümpfe relativ klein ist, während bei Kreuzern, die an sich schon einen größeren Wellenwiderstand haben, noch eine Wellenbildung zwischen den Rümpfen dazukommt, die ganz beträchtlich sein kann. Unter der Brücke entsteht dort eine Welle, wo die Bugwellen der beiden Rümpfe sich treffen; sie kann doppelt so hoch sein wie die einzelnen Bugwellen. Die Brücke muß deswegen so geformt sein, daß sie diese hohe Welle meidet oder sie sogar als treibende Kraft benutzt. Das letztere ist jedoch schwierig, da die Welle ihre Lage je nach Fahrt verschiebt. Sie kann auch auf einen Motor, der zwischen den Rümpfen hängt, ungünstig einwirken, da der Propeller in sehr gestörtem Wasser arbeitet und dadurch einen schlechten Wirkungsgrad hat. Um diesen Schwierigkeiten zu entgehen, macht man auf Motorkatamaranen die Innenseite meistens plan und parallel zueinander.
Das Längen-Breitenverhältnis eines Kreuzerkatamaran-Rumpfes ist ge-

wöhnlich 1:9 bis 1:12. Der denkbar schmalste Rumpf liegt bei einem Verhältnis von 1:25, was man bei Rennruderbooten getestet hat. Macht man sie noch schmaler, wächst der Reibungswiderstand. Macht man die Rümpfe breiter als 1:12, muß man Rücksicht darauf nehmen, daß der Wellenwiderstand mit dem breiteren Rumpf wächst. Das Diagramm auf Seite 18 zeigt eine Kurve für einen Katamaran im Verhältnis zu Jollen und Kielbooten. Die Katamarankurve zeigt schwache Sprünge, die auf der Einwirkung der Wellenbildung zwischen den beiden Rümpfen beruhen. Bei schnellen und schmalen Booten ergibt sich eine beinahe gerade Linie. Das Längen-Breitenverhältnis des ganzen Bootes ist bei Katamaranen 1:2 und bei Trimaranen bis 1:1. Bei diesen Verhältniszahlen haben die Boote ungefähr die gleiche Stabilität in der Quer- und Längsschiffsrichtung.

Linien, abhängig von der Baumethode

Um den idealen Rumpf zu erhalten, muß man Baumaterial verwenden, das eine freie Formgebung ermöglicht, z. B. Kunststoff, geleimtes Furnier oder geleimtes Sperrholz. Bei Sperrholz- (in Platten verarbeitet), Stahl- oder Aluminiumbooten muß man eine kantige Rumpfform wählen, da man die Platten ja nur in einer Richtung biegen kann. Auf Grund der geringen Breite kann man jedoch eine gewisse Doppelkrümmung im Vor- und Achterschiff erreichen.
Um mit solchen Materialien Rumpfformen, die nahezu denselben Charakter wie ein rundspantiges Boot haben, zu erreichen, muß man zum Knickspant mit mehreren Knicken übergehen. Die Sperrholzversion von „Dacapo" 20 bis 31 hat davon vier Stück. Hierdurch erhält man eine sehr kleine Abweichung von den Diagonalen des rundspantigen Bootes. Der Rumpfwiderstand wird durch die etwas größere benetzte Fläche eine Kleinigkeit größer. Als Gegengewicht kann man die Größe des Schwertes verringern, da die scharfen Knicke den lateralen Widerstand des Bootes vergrößern. Die bei „Manta", „Tornado" und anderen angewandte Methode der doppelt gebogenen Sperrholzplatten ist auf sehr schmale Rümpfe, etwa für Rennkatamarane begrenzt. Sie wird auf Seite 74 bei

den Baumethoden näher beschrieben. Im Prinzip „näht" man die Platten in der Kielnaht zusammen. Sie werden dann durch Glas und Harz miteinander verbunden und in die richtige Form gebogen. Diese Bauart gibt tiefe V-förmige Rümpfe. Im Achterschiff sollte man jedoch diese V-Form möglichst vermeiden.

Tiefe, schmale Rümpfe kann man im Prinzip aus doppelgekrümmten Sperrholzplatten machen, da bei solchen Rümpfen die Längskrümmung übersehen werden kann. Doch müssen die Rümpfe relativ tief gezeichnet werden, was eine größere benetzte Fläche ergibt, die nicht ganz durch ein kleineres Schwert ausgeglichen werden kann. Außerdem ist die benetzte Fläche bei Raumschotkursen zu groß, da man ja dabei das Schwert nicht gebraucht.

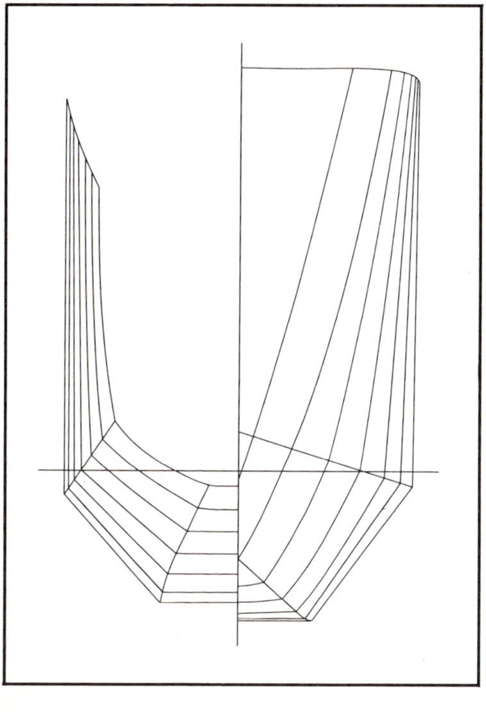

Spantriß für einen Rumpf in Plattenmaterial. Da das Boot mit doppeltem Knick ausgerüstet ist, erhält es Eigenschaften, die einem rundspantigen Boot ähneln. Diese Konstruktion hat eine etwas größere benetzte Fläche, dafür aber auch einen größeren lateralen Widerstand.

Das Gewicht des Bootes

Da der Widerstand bei einem Mehrrumpfboot zum größten Teil auf Reibung beruht, die ja in Beziehung zur benetzten Fläche steht, muß man immer danach streben, diese so klein wie möglich zu halten. Dies ist unter anderem durch ein geringes Gewicht des Bootes zu erreichen. Besonders wichtig ist dies bei kleinen und hohen Geschwindigkeiten.
Bei Bau und Konstruktion ist man immer versucht, Verstärkungen einzubauen. Das ergibt höheres Gewicht und damit höhere Beanspruchungen. Daraufhin muß man wieder verstärken und man erhält eine Schraube ohne Ende zu einem immer schwereren Boot. Diese Entwicklung muß man irgendwie brechen und sich immer fragen, ob man nicht durch eine andere Konstruktion oder ein anderes Material die aktuellen Punkte leichter und haltbarer machen kann.
Ein gut segelndes Boot kann sehr schnell seine guten Eigenschaften durch eine zu große Besatzung verlieren. Bei der Deplacementberechnung muß man also Rücksicht auf alle Gewichte nehmen, die noch hinzukommen können. Man läßt sich gern durch den großen Platz auf Mehrrumpfbooten dazu verleiten, zu viel Personen mit an Bord zu nehmen, aber gerade kleine Kreuzer sind sehr empfindlich gegen Überbelastung.
Die Balken für die Ausleger und zwischen den Rümpfen kann man als Fachwerk ausbilden, um das Gewicht herabzusetzen. Das bringt jedoch einen größeren Luftwiderstand mit sich, so daß es sich selten lohnt, eine solche Konstruktion anzuwenden. Man sollte lieber dafür ein größeres Profil nehmen. Ein Schreckbeispiel in dieser Hinsicht war der französische Trimaran „Pen Duick IV", der 1968 und 1972 zur Einhand-Transatlantikregatta gemeldet war. Er hatte drei große Fachwerkbalken, die aus je drei Rohren mit Querversteifungen bestanden. Hier hätte es sich wirklich gelohnt, ein größeres Profil zu wählen, das dasselbe Gewicht, aber geringeren Luftwiderstand gebracht hätte.
Bei hohen Geschwindigkeiten wird der Luftwiderstand ganz erheblich. Man muß daher die Frontfläche klein halten und den größtmöglichen Teil des Bootes stromlinienförmig ausbilden. Als Beispiel läßt sich anführen, daß ein 4 mm Drahtseil denselben Widerstand hat wie ein normales

Profil mit den Maßen 50 x 7 cm oder ein Laminarprofil von 100 x 15 cm. Außerdem konnte man feststellen, daß ein Drahtseil in diesem Fahrtbereich einen kleineren Widerstand hat, als ein gezogener Draht derselben Dimension. Doch kann ein gezogener Draht etwas dünner genommen werden, so daß es sich in der Praxis wieder ausgleicht.
Auf einem Rennkatamaran oder -trimaran sollten die Rümpfe stets ein sogenanntes Waldeck haben, das neben dem geringeren Luftwiderstand noch den Vorteil hat, nach einem Tauchen wieder schnell hochzukommen. Ein Netz zwischen den Rümpfen hat einen größeren Widerstand als ein Tuch, das allerdings gut gespannt sein muß. Alle Fallen sollen im Mast laufen, was bei den modernen Aluminiummasten ein Leichtes sein sollte. Um sich klarzumachen, wie groß der Luftwiderstand ist, kann man sich ein Modell im Verhältnis 1:10 denken, das man unter Wasser vorwärts bewegt. Dieser Widerstand im Wasser entspricht dem Luftwiderstand des großen Bootes.
Als zusammenhaltende Balken kann man Mastprofile oder am besten spezielle Balken in Profilform anwenden. Sie lassen sich ja einfach herstellen, wenn man z. B. Sperrholz anwendet.
Die Aufbauten von Kreuzern können im wahren Sinne des Wortes ein beschwerliches Kapitel sein, da man hier andere Wünsche als gute Fahrteigenschaften, z. B. die Bewohnbarkeit, berücksichtigen muß. Das Wichtigste ist, das Kockpit klein und die Achterkante der Kajüte niedrig zu halten. Das Deck sollte glattflächig sein, um Wirbelbildungen zu vermeiden.
Der Luftwiderstand hängt natürlich auch viel von der Besatzung ab. Ein Vorschotmann im Trapez läßt ein Boot ca. 2° weniger hoch am Wind segeln und außerdem mit geringerer Fahrt. Am besten sitzt nur der Rudergänger aufrecht, um einen guten Überblick zu haben, während der Mitsegler längs Deck liegt, wenn es die Windstärke erlaubt. Das gilt natürlich nur bei vorlichen Winden, denn bei achterlichen bildet die Besatzung ja noch eine treibende Kraft.

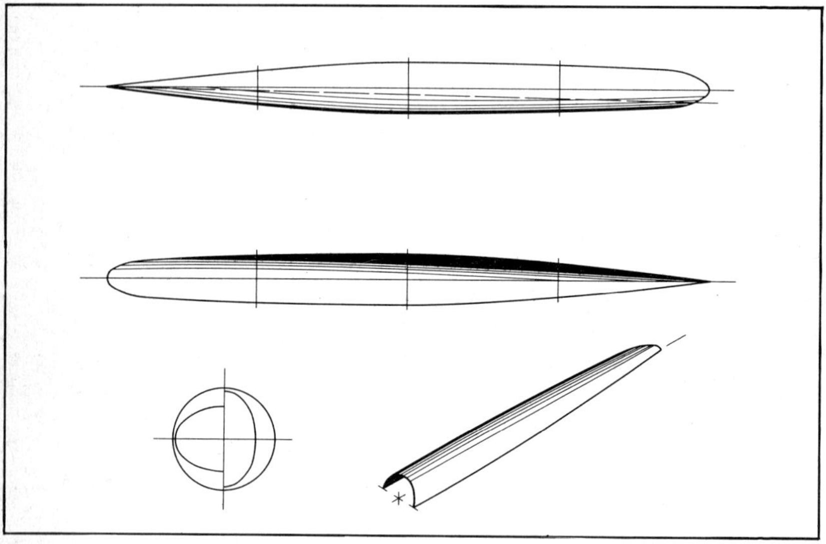

Der ideale Rumpf besteht aus vier gleichen Teilen. Zu einem zigarrenähnlichen Bootskörper zusammengesetzt ergibt sich ein kreisförmiger Nullspant. Hierdurch erhält man die größte Stärke bei kleinstem Wasser- und Luftwiderstand.

Der ideale Rumpf

Die Rümpfe der heutigen Mehrrumpfboote sind in Bezug auf den Unterwasserteil weit entwickelt. Der Überwasserteil hat immer noch einen zu großen Luftwiderstand und ein zu hohes Gewicht. Um den Luftwiderstand herabzusetzen, muß man, wie schon gesagt, das Boot aerodynamisch besser formen und es mindestens mit einem Waldeck ausrüsten. Nach achtern kann man den Freibord zu einem Minimum beschneiden und den Achterspiegel vollkommen verschwinden lassen, um die Luftturbulenz zu vermeiden.

Der Unterwasserteil des Nullspantes soll halbkreisförmig sein und mit dem oben beschriebenen Überwasserschiff wird das Nullspant zum Kreis. Im Vorschiff spitzt man den Rumpf wie gewöhnlich zu. Der vorgeschlagene Rumpf besteht also aus vier exakt gleichen Teilen: Das Ober- und Unterteil des Vorschiffes und das Backbord- und Steuerbordteil des Achterschiffes.
Auf Grund der kreisförmigen bzw. ovalen Spantform kann man die Materialdimensionen niedrig halten, was geringes Gewicht und kleine benetzte Flächen zur Folge hat. Da der Rumpf stark gebogene Flächen hat, ist es empfehlenswert, ihn in Kunststoff zu bauen. Da er aus vier gleichen Teilen besteht, lassen sich die Formkosten niedrig halten.
Natürlich müssen auch die übrigen Teile, wie Brücke, Mast und Segel der Rumpfform angepaßt sein. Es lohnt sich nicht, einen schnellen Rumpf mit einem langsamen Rigg oder umgekehrt zu versehen, denn dadurch werden weder die Hart- noch die Leichtwettereigenschaften ideal.
An der internationalen Cat-Woche 1966 nahm auch das schwedische Boot „Belsebub" teil. Leider blieb das Debüt bei den großen Kanonen nicht das, was der Skipper Björn Lind sich erhofft hatte. Bei der ersten Regatta hatte Lind sich glücklich auf den zweiten Platz vorgearbeitet und war dabei, die Verfolgung des ersten Bootes aufzunehmen, als „Belsebub" mit dem Steven ca. 1 m tief tauchte. Das hatte eine überraschende Bremswirkung zur Folge. Dabei landeten Rudergänger und Vorschotmann im Wasser; langsam richtete sich das Boot wieder auf und zog davon, aber ohne Besatzung. Die Fahrt wurde so hoch, daß die Begleitfahrzeuge nicht mitkamen. Nicht einmal ein Helikopter konnte helfen, als das Boot in die Nordsee hinausstürmte. Auf seinem Kurs lag aber ein altes Wrack und da endete der Ausflug von „Belsebub". Wieder zu Hause, setzte sich Lind an das Reißbrett, um einen neuen Belsebub zu zeichnen, der sich sehr von dem früheren unterschied. Vor allem die Decksform wurde nun so schmal wie möglich, um bei eventuellem Tauchen keine zu große Angriffsfläche zu bieten, die, wie wir sahen, ein ruckförmiges Abbremsen der Fahrt zur Folge haben kann. Es ist eben wichtig, bei der Konstruktion auf die Bewegung des Bootes im Seegang Rücksicht zu nehmen.

Der verbreitete Fehler bei kurzen und kleinen Booten ist, daß sie sich in steiler See und bei leichtem Wind wie ein Schaukelpferd benehmen. Bei größerer Fahrt stabilisiert der Druck im Segel diese Bewegung etwas. Eine günstigere Verteilung des Reservedeplacement kann ein besseres Boot ergeben, am einfachsten durch ein schmales Vorschiff und ein etwas breiteres Achterschiff. Das schmale Vorschiff hebt das Boot nicht so schnell und ein breiteres Achterschiff wirkt der Hecklastigkeit entgegen. Bei einem platten und breiten Vorschiff hebt sich das Boot zu schnell, um dann hart auf die Wellen aufzuschlagen. Das ergibt außer der unerwünschten Bewegung auch eine starke Beanspruchung der Verbände. Bei den älteren Booten mit relativ breiten Vorschiffen versuchte man durch Spritzleisten eine Verbesserung zu schaffen, was aber auch gefährlich **werden kann. Wird der Anstellwinkel gegen die Bewegungsrichtung so groß, daß das Wasser von oben auf die Spritzleisten strömt,** kann das Boot schnell zum Tauchen kommen. Auf die gleiche Art können auch Längsstege wirken und Boote, die damit ausgerüstet sind, müssen so gesegelt werden, daß sie nicht unterschneiden. Solange sie oberhalb der Wasserfläche liegen, sind sie sehr gut gegen Spritzwasser und Tauchtendenzen.

Die Bewegung eines Bootes ist in hohem Maße abhängig von der Lage des Gesamtschwerpunktes. Bei Booten mit Profilmasten, z. B. den C-Cats, kann dieser Schwerpunkt sehr hoch liegen, da ja das Mastgewicht ca. $^1/_3$ des Gesamtgewichtes ist. Um zu vermeiden, daß solche Boote zu sehr stampfen, braucht man ein großes Reservedeplacement im Vorschiff oder man muß den Mast weit nach achtern setzen. Das ist einer der Gründe, warum man solche Masten bei Kreuzern vermeidet.

Schwert und Kiel

Um der Abdrift entgegenzuwirken, rüstet man die Mehrrumpfboote meistens mit Schwertern, manchmal auch mit Kielen aus, Da das Schwert keine treibende, sondern nur eine bremsende Kraft hat, muß man es so klein wie möglich machen. Sein Widerstand kann 5 bis 50 % des Gesamtwiderstandes betragen. Ein richtig geformtes Schwert kann klein gehalten werden und bietet dadurch einen geringen Widerstand in der Fahrtrichtung bei großem lateralen Widerstand.
Das Wichtigste für die Wirksamkeit eines Schwertes ist sein Seitenverhältnis AR, das wie folgt definiert ist: Tiefe dividiert durch die Wurzel aus der Fläche. Durch ein hohes AR vermindert man die gestörte Fläche. Das Wasser versucht ja den Druckunterschied zwischen den beiden Seiten des Schwertes auszugleichen, was eine Endturbulenz verursacht. Da diese Turbulenz gleich groß ist, wie tief man das Schwert auch macht, hat das weniger tief gehende Schwert eine relativ größere gestörte Fläche. Damit vermindert sich jedoch nicht seine maximale Seitenkraft, nur der Widerstand wächst. Da die maximale Auftriebskraft erst bei 12 bis 20° Anstellwinkel auftritt, hat dies keine praktische Bedeutung. Maßgebend allein ist der Widerstand im Verhältnis zur Seitenkraft bei Anstellwinkeln zwischen 4 und 7°. Dies illustriert das Diagramm auf Seite 28. Es zeigt, daß ein Schwert mit einem Seitenverhältnis von 5 nur einen Anstellwinkel von 3° braucht, um einen Seitenkraftkoefficienten von 0,2 zu erhalten, während ein Kiel mit dem Seitenverhältnis 1 7° beansprucht. Dazu kommt im letzteren Fall noch ein viel größerer Widerstand, d. h., das Boot wird noch langsamer.
Durch Versuche im Labor und in der Praxis hat man gefunden, daß ein ellipsenförmiges Schwert am besten ist. Der tiefste Teil des Schwertes

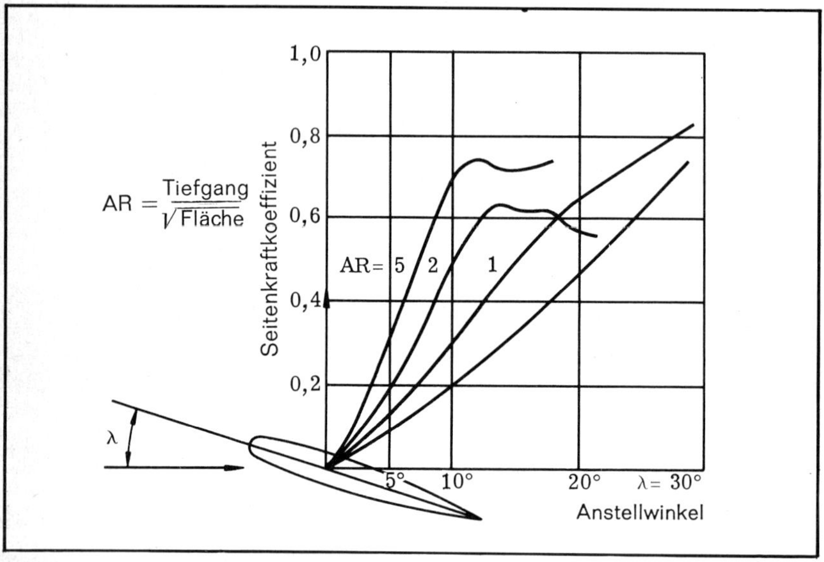

Einfluß des Seitenverhältnisses von Schwert oder Ruder (nach Marchaj). Die Zeichnung zeigt, daß ein tiefes Schwert bei gleichem Anstellwinkel eine bedeutend größere Seitenkraft als ein langer Kiel hat. Um dieselbe Seitenkraft zu erreichen, muß der lange Kiel erheblich größer gemacht werden, was einen wachsenden Widerstand zur Folge hat.

soll an der Stelle liegen, wo das Profil am dicksten ist. Die Unterkante soll scharf sein. Ein trapezförmiges Schwert ergibt fast gleich gute Werte, wenn das Verhältnis zwischen den Breiten 0,45 ist.

Um die beste Wirkung des Schwertes zu erreichen, muß man ein passendas Profil wählen. Auf Seite 29 werden verschiedene Schwerter an einem Rumpf bei verschiedenen Anstellwinkeln verglichen. Der Anstellwinkel ist hier gleich mit der Abdrift des Bootes. Man sieht, daß der Rumpf allein keine besondere Widerstandsvergrößerung durch die Abdrift hat. A zeigt ein stromlinienförmiges Profil in normaler Ausführung. Es ist besonders wichtig, daß die Vorderkante richtig ausgeführt und

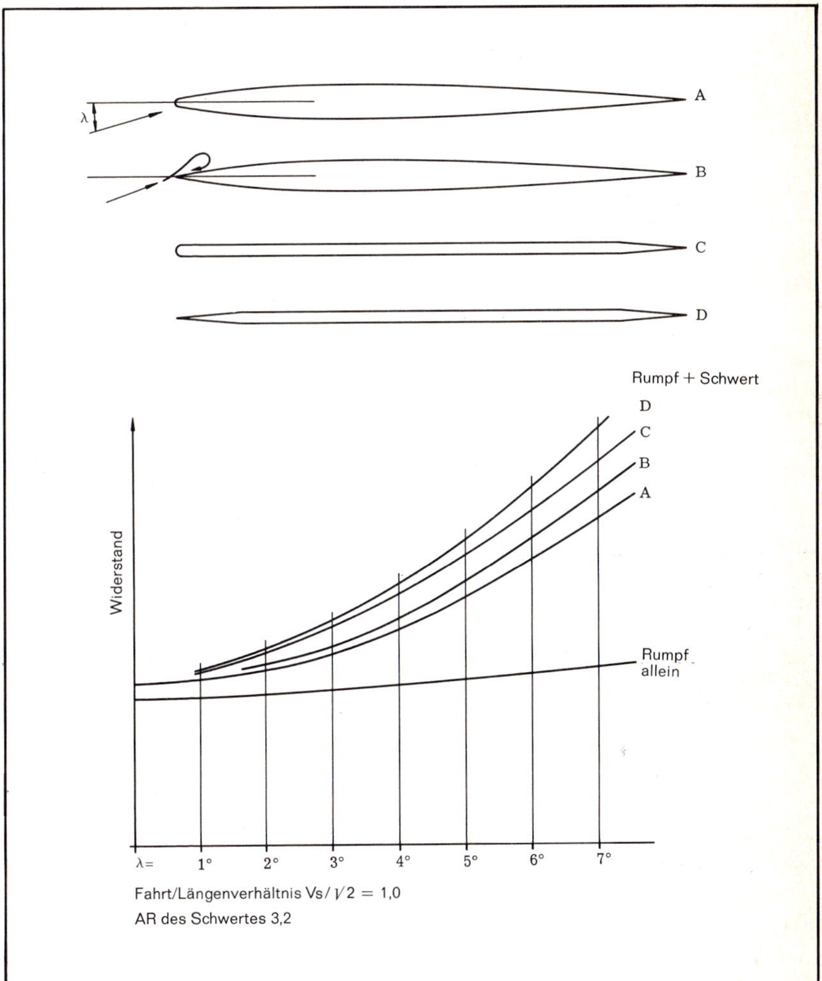

Der totale Widerstand eines Bootes mit verschiedenen Schwertformen. Fahrt/Längenverhältnis ist bei diesen Versuchen 1,0 gewesen. Das Seitenverhältnis des Schwertes 3,2. Der Rumpfwiderstand ist natürlich davon abhängig, welchen Rumpf man verwendet.

poliert wird, um eine Turbulenz wie im Fall B zu vermeiden. Dort hat man die Vorderkante angespitzt, wodurch das Schwert sehr empfindlich für den Anstellwinkel wird. Bei zu großen Anstellwinkeln bildet sich eine Turbulenz über die ganze Fläche des Schwertes, wodurch der Effekt sinkt und der Widerstand steigt.

Für einfache Schwerter wendet man oft Sperrholzplatten an, wobei es wichtig ist, sie so gut wie möglich an der Vorderkante abzurunden und an der Hinterkante anzuschärfen (siehe Fig. C). Bei Aluminiumschwertern und ähnlichen macht man oft den Fehler, sie an beiden Kanten anzuspitzen, was den größten Widerstand ergibt. Leider kommt das auch bei industriell angefertigten Rudern und Schwertern vor. Aus den hier angeführten Punkten geht hervor, daß es von größter Wichtigkeit ist, daß es keine Störung an der Vorderkante gibt, da dadurch der Effekt katastrophal absinkt. Es dürfen keine groben Kratzer oder kleine Unebenheiten, welche die laminare Strömung über das Schwert stören, vorkommen, denn nur eine laminare Strömung ergibt den kleinsten Widerstand.

Das Profil für ein Schwert kann, abhängig vom gewünschten Charakter, auf verschiedene Art ausgeführt werden. Hier soll jedoch nur der Effekt von einigen Ausformungen gezeigt werden. Je dicker ein Profil ist, desto größer wird die Auftriebskraft. Außerdem ist ein dickes Profil unempfindlicher für seine Anstellwinkel. Für die kleinen Winkel, um die es sich bei Schwertern handelt, ist ein Verhältnis 1:10 am günstigsten. Bei einem dünnen Schwert wächst der Widerstand schnell, während beim dicken der Nullwiderstand größer ist. Die Seitenkraft bei einem bestimmten Anstellwinkel ist beinahe unabhängig von der Dicke des Schwertes. Die mit Kielen und Balancerudern nach den oben genannten Prinzipien ausgerüsteten funkgesteuerten Modellboote der Schweden haben sich viele Jahre ihren Gegnern überlegen gezeigt. Ein Beweis, daß man die Prinzipien, die bei großen Booten gelten, auch bei Modellbooten anwenden kann und umgekehrt.

Bei konstanter Dicke kann man die Seitenkraft durch ein asymmetrisches Profil erhöhen. In gewissen Fällen vermindert sich dabei sogar der Widerstand. Das günstigste asymmetrische Profil hat eine Wölbung von 2 %.

Durch Verlegen der größten Dicke des Profiles so weit wie möglich nach

hinten kann man den Widerstand verringern. Bei einem normalen Profil liegt die größte Dicke bei 30 % der Korda. Dabei erhält man eine laminare Strömung, die wichtig ist, um den Widerstand herabzusetzen, nur über das erste Drittel des Profiles. Durch Verschieben der größten Dicke auf 40 % der Korda kann man den Widerstand auf die Hälfte herabsetzen.
Um diesen Effekt zu verstärken, kann man das Profil im hinteren Teil unterschnitten ausführen. Hierbei erhält man ein sogenanntes Laminarprofil, das über einen Teil seines Registers keine Widerstandsvergrößerung, aber eine Seitenkraftverstärkung aufweist. Laminarprofile sind jedoch außerordentlich empfindlich für die Ausformung der Vorderkante, da die laminare Wasserschicht nur 1 mm dick ist. Ein kleiner Schaden kann eine turbulente Störung über einen großen Teil des Schwertes erzeugen, da sie sich auch in die Tiefe ausdehnt.
Das hier von den Profilen Gesagte ist nur allgemein. Weitere Effekte entstehen durch die Fahrt des Bootes, die Temperatur und die Dichte des Wassers und anderes.
Bei einem ellipsenförmigen Schwert kann man außerdem noch den Schwerpunkt verschieben, indem man es nach hinten neigt. Dadurch verschiebt sich der Druckpunkt teils zum Boot, teils weiter zur Spitze des Schwertes. Auf diese Weise kann man den Lateralschwerpunkt und damit die Luv- oder Leegierigkeit eines Bootes etwas korrigieren. Gleichzeitig wächst damit die Beanspruchung des Schwertes. Bei einer Neigung nach vorn entsteht eine entgegengesetzte Wirkung.
Um den lateralen Widerstand zu vergrößern, kann man ein asymmetrisches Schwert anwenden. Man muß sich dabei erinnern, daß man dann nur das Schwert im Leerumpf benutzen kann und daß der Anstellwinkel richtig sein, das Schwert schräg gegen die Längsachse des Bootes stehen muß. Durch die Anwendung eines asymmetrischen Profils kann die Wirkung ohne Widerstandsvergrößerung um 90 bis 100 % gesteigert werden.
Viele Boote haben lange Kiele an Stelle der Schwerter. Sie wirken wie ein vertiefter Rumpf, dessen Seiten als Lateralplan ausgenutzt werden. Durch einen niedrigen, aber scharfen Kiel verhindert man den Wasser-

strom von Lee nach Luv. Man kann jedoch mit derartigen Kielen nicht so hoch an den Wind gehen und bei Raumschotkursen erhält man einen höheren Widerstand, während man bei einem Schwertboot die benetzte Fläche auf ein Minimum herabsetzen kann. Außerdem ergibt der feste Kiel einen größeren Tiefgang, der in flachen Gewässern oft störend sein kann. Man hat auch Versuche mit extrem scharfen und tiefen Rümpfen gemacht, um ganz ohne Kiel oder Schwert auszukommen. Doch sollte ein richtig geformtes Schwert immer noch die beste Wirkung und den geringsten Widerstand haben.

Anordnung von Schwertern und Kielen

In der Längsschiffsrichtung sitzt das Schwert bei Mehrrumpfbooten im Prinzip an derselben Stelle wie bei gewöhnlichen Booten, doch muß man eine gewisse Rücksicht auf die Rumpfform und den effektiven Druckpunkt des Segels nehmen. Ebenso darf man den Lateralschwerpunkt beim Krängen nicht vergessen, auch kann der Schwerpunkt bei steigendem Deplacement abhängig von der Rumpfform werden. Gewöhnlich

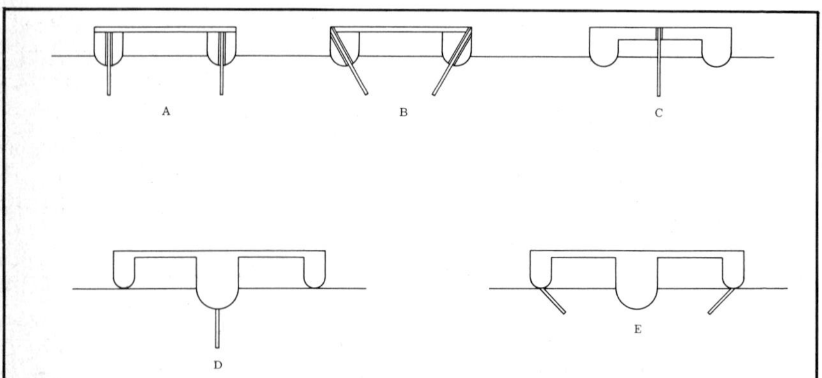

Schwert- und Kielanordnung im Rumpfquerschnitt. Die schräggestellten Schwerter und Kiele können symmetrisch sein, wodurch eine aufrichtende Kraft entsteht.

zieht er sich nach vorn, was mit größerem Ruderausschlag oder Verschiebung des Schwertes ausgeglichen werden muß.
In der Querschiffsrichtung kann das Schwert auf viele verschiedene Arten angebracht werden. Hier zeigen wir einige der gebräuchlichsten Methoden. A ist die am meisten vorkommende. Bei Rennkatamaranen setzt man die Schwerter in Kästen in der Mitte der Rümpfe. Hydrodynamisch ist diese Art die beste für Rennkatamarane mit guten Durchschnittsleistungen. Bei Kreuzern setzt man die Schwerter gerne mehr nach außen, dicht an die Außenhaut, um die Bewohnbarkeit zu verbessern. Abbildung B zeigt schräggestellte Schwerter. Dadurch kann man die Stabilität vergrößern, da, wenn sie symmetrisch sind, das eine den Leerumpf anhebt und das andere den Luvrumpf herabzieht. Wünscht man eine gewisse Tragflügelwirkung, kann das Schwert asymmetrisch gemacht werden, wobei man aber das Luvschwert immer hochholen muß.
Auf den vom Verfasser konstruierten „Dacapo“ 20 und 24 hat man das Schwert nach Variante C angeordnet. Sie ergibt eine einfache Befestigung und keine Leckagen, da der Schwertkasten in der Brücke über der Wasserlinie liegt. Da das Schwert die Wasseroberfläche schneidet, verkleinert sich seine Wirkung durch die Wellenbildung an dieser Stelle. Um das zu vermeiden, muß das Schwert dort, wo es die Wasseroberfläche schneidet, in der Vorderkante angespitzt werden. Bei Trimaranen ordnet man Schwerter oder Kiele in der Mitte des Zentralrumpfes an (siehe D). Das kann man mit asymmetrischen Auslegern kombinieren, welche den Lateralwiderstand vergrößern. Plaziert man das Kockpit zentral im Rumpf, kann man den Schwertkasten gleichzeitig als Lenzer benutzen. Außerdem liegt bei solchen Konstruktionen der Schwertkasten unter den Fußbodenbrettern und nicht mitten in der Kajüte. Anordnungen mit festen symmetrischen Kielen (siehe E) geben ein steigendes, aufrichtendes Moment, wodurch man ein größeres Segel führen kann. Der Nachteil ist, daß der Kiel in Luv Luft saugen kann, wodurch seine Wirkung sehr vermindert wird.
Kreuzerkatamarane und -trimarane werden oft mit festen Kielen ausgerüstet. Man setzt sie im Prinzip wie die Zeichnungen A, B, C und D

zeigen. Dadurch, daß man die Kiele relativ lang macht, nutzt man auch den Rumpf als Lateralplan aus. Die Tiefe ist 4 bis 5 % und die Länge ca. 45 % der Wasserlinielänge und gewöhnlich liegt die Achterkante 40 % der LWL vom Achterspiegel entfernt. Abhängig vom Segelarrangement kann dies etwas variieren. Am einfachsten ist es, einem derartigen Kiel einen kastenförmigen Querschnitt mit scharfer Unterkante zu geben. In der Längsschiffsrichtung kann man ihm dann ein gewöhnliches Profil, wie im vorigen Kapitel beschrieben, geben. Der Engländer Michael Henderson hat auch mit tiefen Kielen mit Ballast experimentiert. Dies ist jedoch gegen alle Prinzipien der Mehrrumpfboote, bei denen man das Gewicht so niedrig wie möglich halten soll. Der Zweck war, ein unkenterbares Boot zu erhalten. Doch ist es ein hoher Preis, da die Segeleigenschaften außerordentlich verschlechtert werden.
In Amerika hat man in der letzten Zeit nur ein Schwert in einem der Rümpfe angeordnet. Unter anderen war 1968 der Herausforderer für den „Little America's Cup", „Yankee Flyer" auf diese Weise ausgerüstet. Ein derartiges Arrangement sollte auch bei Kreuzerkatamaranen günstig sein, da man sie wohl selten so segelt, daß der Luvrumpf aus dem Wasser hebt, außer vielleicht bei harten Regatten.

Der einfache Ausleger

Um dem krängenden Moment bei einem Mehrrumpfboot entgegenzuwirken, setzt man den Ausleger in Lee oder die Besatzung in Luv. Beides ist vom Gewicht abhängig. Eine einfache Art wäre es, das Boot mit einem Tragflügel auszurüsten. Bei der gleichen anhebenden Kraft wie ein Deplacementrumpf gibt dieser einen geringeren Widerstand. Plaziert man einen Tragflügel in einem Ausleger, wie es die Zeichnung zeigt, kann man ein nicht kenterbares Boot für alle Fahrten und Windstärken erhalten. Dieses Arrangement ist von dem Amerikaner Edmont Bruce empfohlen worden. Ein Vorteil ist es auch, daß das Boot nicht wie eine Proa gesegelt werden muß, sondern wie ein gewöhnliches Boot durch den Wind wendet. Wie man sieht, geben alle Kräfte zusammen eine anhebende Kraft, die dem Boot eine noch höhere Fahrt gibt. Das setzt aber

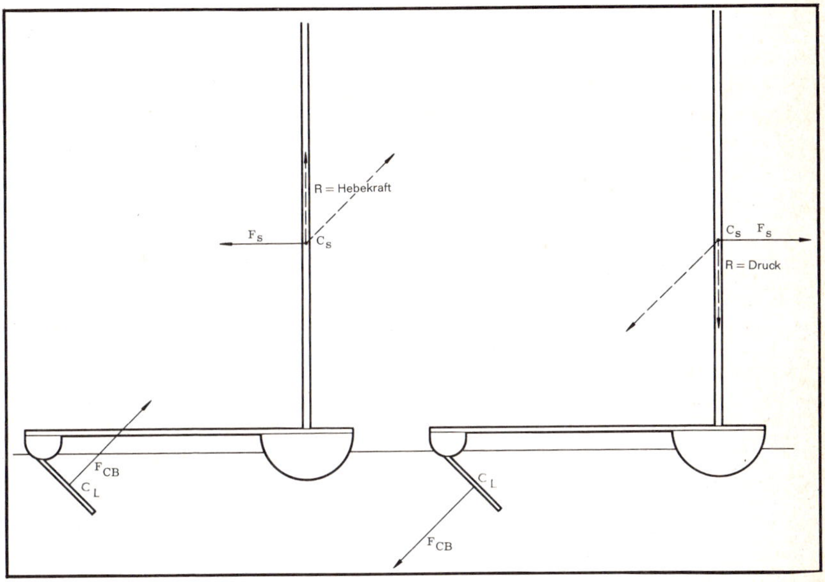

Der einfache Ausleger ist mit einem symmetrischen Schwert oder Kiel ausgerüstet, wodurch das Boot auf den verschiedenen Bugen aufrecht gehalten wird.

voraus, daß das Boot zur vollen Fahrt beschleunigt. Vorher muß die Besatzung eventuell den Segeldruck und das Gewicht des Auslegers durch ihr Gewicht ausgleichen. Auf dem anderen Bug (rechtes Bild) erhält das Boot einen ganz anderen Charakter. Dadurch, daß das Schwert eine nach unten gerichtete Kraft entwickelt, wird die Resultante von allen Kraftkomponenten ein Druck auf das Boot, der das Deplacement etwas vergrößert; das hat eine Verschlechterung der Segeleigenschaften zur Folge.

Im Seegang kann das Schwert ohne Gefahr reichlich weit aus dem Wasser kommen. Sollte aber mehr als das halbe Schwert auftauchen, muß die Besatzung dies durch Reffen oder durch eine Verlagerung zum Aus-

leger ausgleichen. Im glatten Wasser oder bei gleichmäßigem Wind ist dies nicht notwendig. Dadurch, daß die Kräfte des Schwertes durch die ineffektive Seitenkraft im Segel hervorgerufen werden, verschlechtert sich die treibende Kraft desselben nicht. Der einfache Ausleger mit dem oben beschriebenen Schwert bzw. der Tragfläche sollte seinen größten Vorteil bei gleichmäßigem Wind und regelmäßigem Seegang haben.
Bei großen Geschwindigkeiten kann man aber gewisse Schwierigkeiten mit der Längsstabilität bekommen, da ja das Boot aus dem Wasser gehoben wird.

Ruder

Hydrodynamisch wirkt ein Ruder ebenso wie ein Schwert. Gewöhnlich ist es am Spiegel angebracht, leider mit dem Nachteil, daß es leicht Luft saugt und übersteigert werden kann. Darum sollte es mit der Vorderkante etwas unter dem Rumpf liegen. Auf Grund der Wellenbildung kann es ein Vorteil sein, eine andere als die rein elliptische Form zu wählen.
Da ein Ruder beim Segeln nur eine relativ kurze Zeit in Aktion ist und sonst nur eine bremsende, benetzte Fläche darstellt, sollte man ein Profil mit konstantem Winkel und veränderlicher Fläche anwenden.
Bei gewissen Booten wird das Ruder als Zuschuß zum Lateralplan gebraucht. Um einen großen Druck auf die Ruderpinne zu vermeiden, wird das Ruder balanciert, indem man einen Teil vor die Achse legt. Gewöhnlich beträgt die Balancefläche 20 % des ganzen Ruders.
Macht ein Katamaran eine kräftige Drehung, haben beide Ruder verschiedene Kurvenradien. Sollten dann die beiden Ruder parallel stehen, wirkt nur das eine, während das andere bremst. Um das zu vermeiden, versieht man die Ruder mit einem sogenannten „Toe In". Am einfachsten erreicht man das dadurch, daß man den Ruderpinnen eine Biegung nach innen gibt und das Parallelstag etwas kürzer macht als den Abstand zwischen den Ruderachsen. Wichtig ist, daß das Parallelstag nicht zu dicht an die Ruderachse gesetzt wird. Hier muß die Erfahrung den richtigen Platz für jedes Boot bestimmen.

Verkleinerung des Lateralplanes

Bei Schwertbooten, was ja die meisten Mehrrumpfboote sind, vermindert sich der Lateralplan beim Aufholen des Schwertes. Die Zeichnungen A bis E auf Seite 38 zeigen verschiedene Lösungen. A zeigt eine Anordnung, die auf „Dacapo" 20 und 24 angewendet wird. Hier ist das Schwert in die Mitte zwischen beiden Rümpfen gesetzt und man vermindert die laterale Fläche, indem man es unter der Brücke hochholt. Die benetzte Fläche vermindert sich dadurch ungefähr zur Hälfte. Außerdem wird der Widerstand kleiner, da der noch im Wasser befindliche Teil eine längere Wasserlinie bekommt. Um die Wellenbildung und das Untersaugen zu vermeiden, muß man das Schwert vorn in der Höhe der Wasserlinie anspitzen. Das gilt auch für den runden Teil, der in die Höhe der Wasseroberfläche kommt, wenn das Schwert aufgeholt ist. Diese Lösung ist hydrodynamisch nicht so ideal, bietet aber ein zufriedenstellendes Resultat. Außerdem umgeht sie mögliche Leckstellen und bringt einen Zuwachs an Platz in den Rümpfen.
Bei den folgenden Vorschlägen ist je ein Schwert in jedem Rumpf angebracht, was ja das Normale bei Katamaranen ist und der Lösung mit dem Schwert im Mittelrumpf bei Trimaranen entspricht. (Wenn man nicht einen festen Kiel verwendet.) B zeigt eine Möglichkeit, wie man sie u. a. auf der „Solitaire Super" anwendet. Das Schwert ist hier mit einem langen Arm zum Drehpunkt im Deck versehen. Um diesen dreht sich das Schwert und beim An-Land-nehmen kann es einfach ausgehakt werden. Heruntergelassen dichtet es die ganze Öffnung im Rumpf, wodurch die störende Wirbelbildung vor allem auf der Kreuz vermindert wird. Diese Anordnung braucht viel Platz in der Längsschiffrichtung und außerdem kann der Lateralplan nur wenig verändert werden. Form und Größe des Schwertes werden hauptsächlich durch den Abstand vom Aufhängungspunkt, der eine gewisse Begrenzung hat, bestimmt. C ist die gewöhnlich bei Rennkatamaranen vorkommende Lösung. Sie hat vor allem den Vorteil, daß man die absolut ideale Form erhalten kann. Außerdem kann eine gewisse Verschiebung des Lateralplanes stattfinden, ohne daß eine nennenswerte Effektverschlechterung auftritt. Die Öffnung des Schwert-

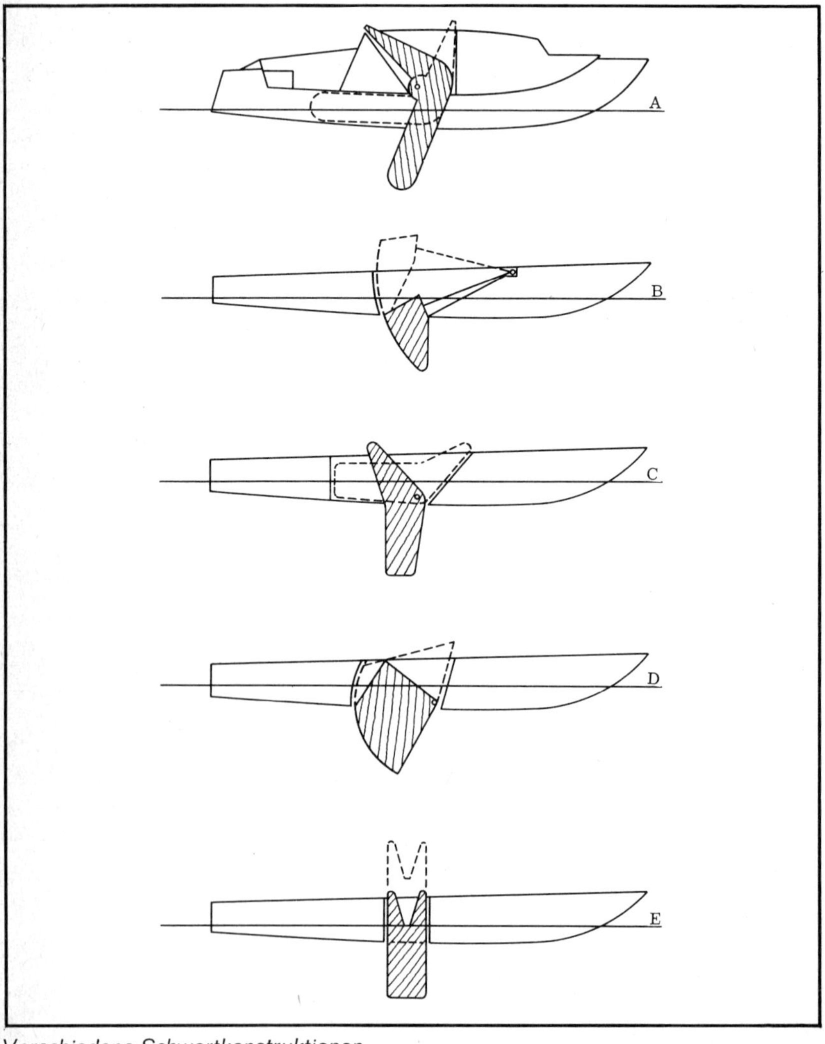

Verschiedene Schwertkonstruktionen.

kastens ist jedoch reichlich groß; um eine allzu große Turbulenz zu vermeiden, muß sie mit einer Dichtung versehen werden. Zur Vermeidung eines durch den Schwertkasten gehenden Bolzen kann man das Schwert mit einem Zapfen ausrüsten. Den Schwertkasten versieht man dann mit einer vertikalen Spur auf jeder Seite und verstärkt ihn mit einem Stahl- oder Bronzebeschlag am Aufhängepunkt. In dieser Spur schiebt man dann den Zapfen bis zum Beschlag herunter.

D zeigt ein sektorförmiges Schwert, wie es bei einfachen Kreuzern oft angewendet wird. Hier erhält man einen dichten Schwertkasten ohne Turbulenz, aber die Fläche muß auf Grund des schlechten Seitenverhältnisses reichlich groß gehalten werden und außerdem ist es schwer, ein zufriedenstellendes Profil zu erhalten. Der Schwertkasten nimmt im Verhältnis zur Größe des Schwertes nur einen kleinen Platz im Boot ein.

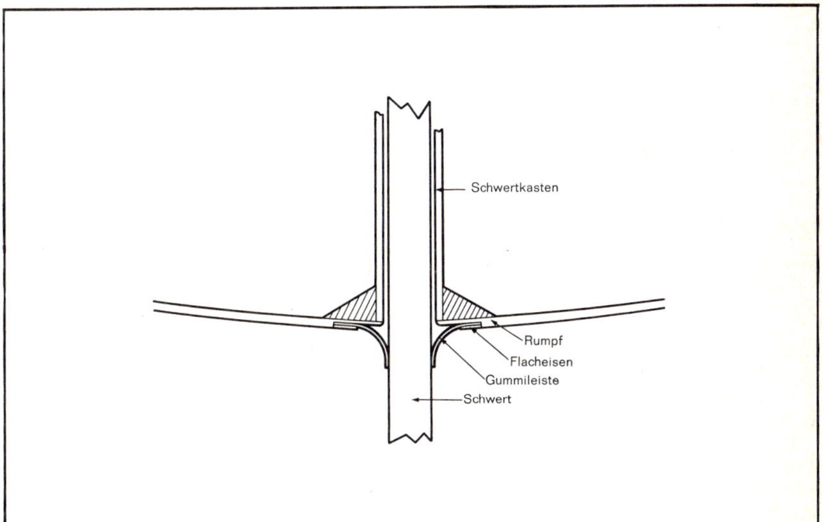

Um die kleinstmögliche Störung zwischen Rumpf und Schwertkasten zu erzielen, kann der Schwertkasten mit Gummileisten abgedichtet werden, die dicht schließen, wenn das Schwert aufgeholt ist.

Ruderpinne mit Festsetzung für das Parallelstag sowie Auf- und Niederholer, die mit einer Röhrenklemme gehalten werden.

Das Steckschwert (E) ist in der Theorie das wirkungsvollste. Hier hat man keine Turbulenz vom Schwertkasten, aber einen dichten Anschluß zwischen Rumpf und Schwert sowie eine ideale Ausführung von Seitenverhältnis und Profil. Ein Nachteil liegt darin, daß, wenn der Schwertkasten zu schwach ausgeführt sein sollte, ein Auffahren auf Grund verhältnismäßig großen Schaden verursacht. Man hat auch keine Möglichkeit, den Lateralpunkt nennenswert zu verschieben, aber auf Grund der einfachen Ausführung ist das Steckschwert verbreitet. Hier wollen wir doch davor warnen, es in Metall auszuführen, denn bei der geringsten Grundberührung kann es sich verbiegen und klemmt sich im Kasten fest, so daß es Schwierigkeiten macht, es wieder aufzuholen.

Um den geringen Tiefgang der Rümpfe nicht aufzuheben, sollte man auch das Ruder aufholbar machen. Gewöhnlich besteht es aus dem Ruderblatt und dem Ruderkopf, der aus zwei Schenkeln und einem

Zwischenstück oben von der Stärke des Blattes besteht. Durch die Schenkel geht ein Bolzen, um den das Ruderblatt drehbar ist. Um das Blatt aufholen zu können, muß es mit einem Auf- und Niederholer versehen sein, kräftig genug, um Bewegungen des Ruderblattes entgegenwirken zu können. Kleine Boote haben oft an Stelle des Niederholers ein Gummiseil, das aber, wenn es altert, das Blatt nicht mehr in der richtigen Stellung halten kann. Man kann auch einen Abscherstift verwenden, der aber wirklich leicht abscheren muß. Um die Ruderfläche zu verkleinern, ohne das Profil zu verschlechtern, kann man den Ruderkopf wie einen Schwertkasten formen und das Ruderblatt selbst wie ein Steckschwert. So könnte man das Ruder auch in einem Kasten weiter innen im Boot anbringen. Es wird dann wie ein gewöhnliches Ruder mit durchgehendem Ruderstock hergestellt und in einem Rahmen plaziert, den man in einem Schacht im Rumpf herunterschieben kann. Bei dieser Konstruktion kann man aber die Fläche nicht verkleinern.

Segel und Rigg

Das Segel gibt die vorwärtstreibende Kraft für das Boot und muß dessen Widerstand überwinden. Hat ein Boot einen großen Widerstand, kann das beste Segel ihm keine schnelle Fahrt verleihen. Bei den leichten Mehrrumpfbooten ist es sehr wichtig, wie die Segel geformt und getrimmt sind. Eine kleine Änderung kann schon eine viel größere Fahrt geben. Es gibt in der Segelkunst noch viele unbekannte Faktoren, was die theoretischen Überlegungen außerordentlich erschwert. Würde man an Stelle von Tuchsegeln starre Flügelprofile anwenden, wäre es mathematisch viel einfacher, das wirkungsvollste Rigg zu entwerfen.

Theorie des Segelns

Wird eine Platte in einem bestimmten Winkel angeblasen, so entsteht eine Hubkraft, die in verschiedene Komponenten aufgeteilt werden kann. Bei einem Segel in Zugkraft und Krängung. Biegt man diese Platte quer zur Anblaserichtung, wird die Hubkraft größer, aber auch der Widerstand wächst etwas an. Dieses zeigt das Diagramm auf Seite 43. Die Lage der Gesamtkraft kann sich je nach Ausführung des Profiles ändern. Die größte Kraft erhält man mit der größten Krümmung der Platte, was dem Bauch des Segels entspricht. Man sieht aber, daß es sich nicht lohnt, beim Kreuzen einen zu großen Bauch im Segel zu haben, da dann das Krängungsmoment zu groß wird. Außerdem braucht ein bauchiges Segel einen größeren Anstellwinkel zum scheinbaren Wind, während es sich bei raumen Kursen lohnt, ein bauchigeres Segel zu haben. Hier kann auch der größere Anstellwinkel von Nutzen sein, da man den Baum etwas mehr mittschiffs holen kann. Bei halbem Wind ist es sehr wichtig,

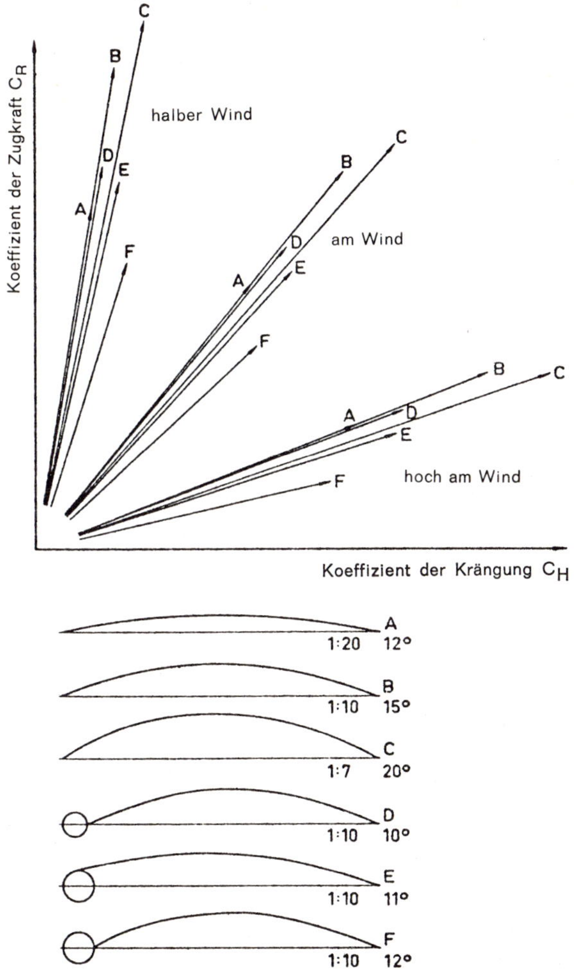

Das Diagramm zeigt, wie die Größe des Bauches und die Störung durch den Mast die Zugkraft des Segels auf verschiedenen Bugen beeinflussen. Die Gesamtkraft ist hier in je einem Koeffizient für Krängung und Zugkraft unterteilt.

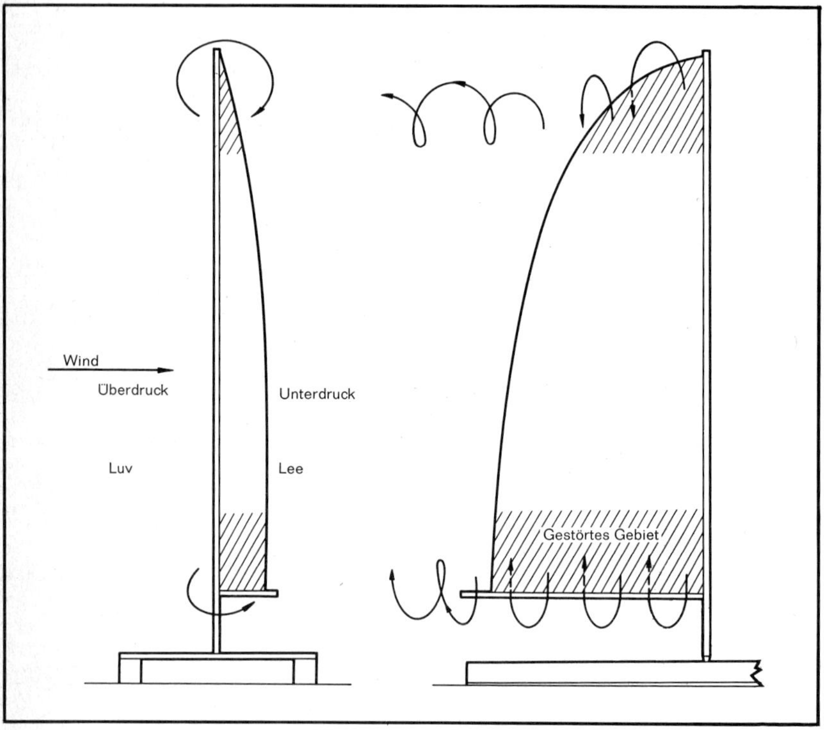

Auf der Luvseite eines Segels bildet sich ein Überdruck, auf der Leeseite ein Unterdruck, welche danach streben sich auszugleichen. Dadurch entsteht ein gestörtes Gebiet um den Baum herum und am Masttop. Dichtet man den Spalt zwischen Deck und Baum, kann man diese Störung verhindern und eine größere Wirkung erzielen.

den richtigen Anstellwinkel zu finden, um eine Übersteigerung des Segels zu vermeiden, was die vorwärtstreibende Kraft des Segels verkleinert und die Krängung vergrößert.

Im Hinblick auf die Widerstände gelten die Theorien, die wir bei den Schwertern und Kielen behandelten, auch für die Segel, d. h., auch die Segel sind abhängig vom Seitenverhältnis, von Störungen durch Turbulenz, Übersteigerung und Ablösung. Die maximale Kraft ist unabhängig von der Form des Segels, aber sie tritt bei verschiedenen Anstellwinkeln im schlechtesten Fall erst platt vor dem Wind auf. Das Seitenverhältnis

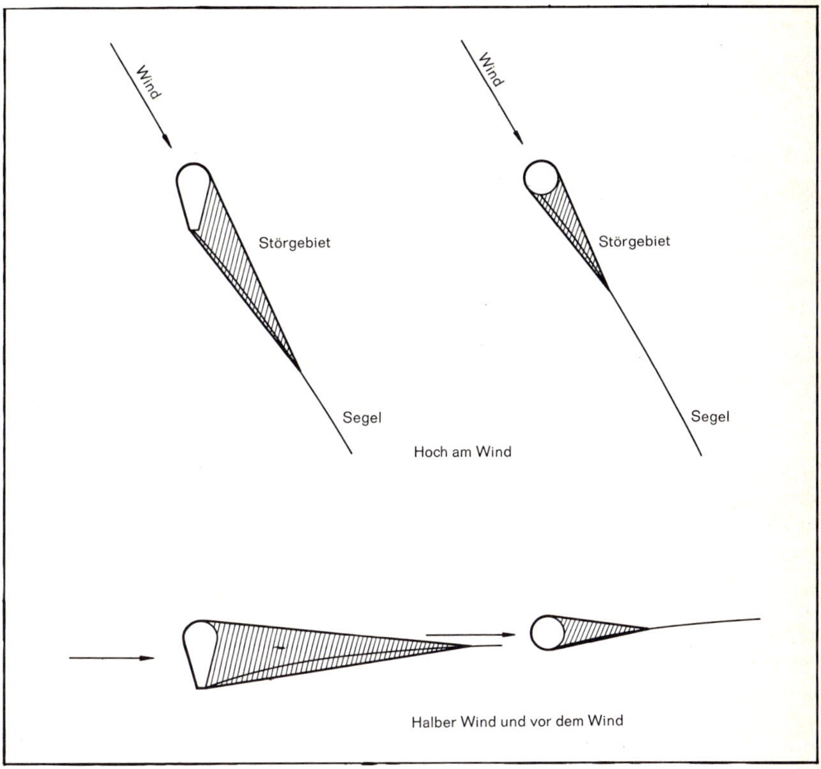

Wird ein Mast nicht drehbar gemacht, soll man seinen Durchmesser so klein wie möglich wählen, um den Störungsbereich zu verkleinern. Ist der Mast tropfenförmig, wird das Störgebiet bedeutend größer, was die Wirkung vermindert.

des Segels muß den aufrichtenden Kräften des Bootes, querschiffs und längsschiffs, angepaßt werden. Um die größte Kraft zu erhalten, sollte das Segel ellipsenförmig sein. Durch diese Form senkt sich auch der Druck- und Schwerpunkt des Segels.
Wenn der Wind ein Segel anströmt, bildet sich in Luv ein Über- und in Lee ein Unterdruck. Durch die freie Aufhängung des Segels strebt der Wind danach, diesen Druckunterschied auszugleichen (siehe Seite 44 links). Das hat eine kräftige Wirbelbildung im Topp des Segels und um den Baum herum zur Folge. An diesen beiden Stellen wird das Störungsgebiet groß, was sich bei einem hohen und schmalen Segel dahin auswirkt, daß es eine relativ kleine gestörte Fläche und damit eine bessere Wirkung hat. Um diese Tendenz des Druckausgleiches zu ver-

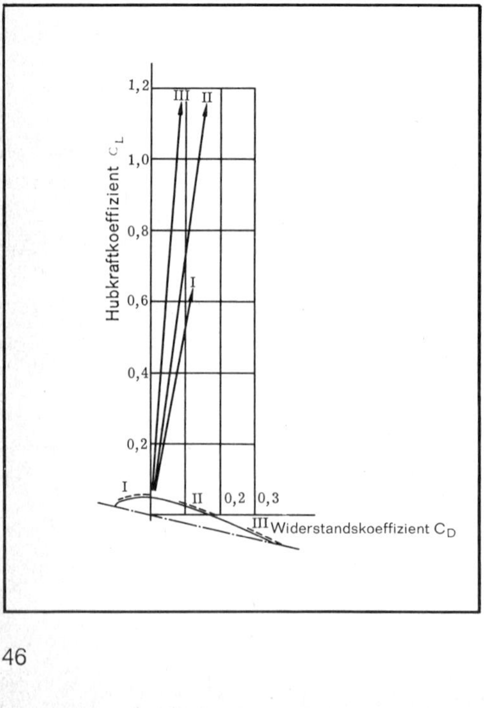

Macht man ein glattes Profil uneben in der Vorderkante (I), mitten auf dem Profil (II), an der Achterkante (III), erhält man verschiedene Grade von Hubkraftverschlechterungen. Aus dem Diagramm geht hervor, daß eine Unebenheit an der Vorderkante eine Verschlechterung von 50 % verursacht gegenüber den Verschlechterungen von Widerstand und Hubkraft, wenn die Unebenheiten in der Mitte oder an der Hinterkante des Profiles liegen.

hindern, sollte das Segel im Topp so breit wie möglich sein. Am Baum kann das Segel mit einer horizontalen Platte versehen werden, die man erhält, wenn man die Baumrundung groß hält und eine kräftige Segellatte dicht über dem Großbaum anbringt. Das hier über die Form der Segel Geschriebene ist die Erklärung dafür, warum man auf Mehrrumpfbooten durchgehende Latten anwendet. In anderen Klassen sind sie gewöhnlich durch die Regeln verboten.

Um einen kleineren Luftwiderstand zu erzielen, hat man die Boote oft mit tropfen- oder birnenförmigen Masten ausgerüstet (s. Abb. Seite 48). Schon bei kleinen Anstellwinkeln geben derartige Masten, verglichen mit runden, ein größeres Störgebiet. Außerdem kann man runde Masten erheblich leichter halten. Um diese Störungen zu vermeiden, muß man nicht runde Masten drehbar machen, aber nicht nur damit sie im Wind stehen, wie es bei Jollen der Fall ist, bei denen der Großbaum durch den Mast gesteckt ist. Der Mast muß vielmehr so weit im Verhältnis zum Großbaum gedreht werden können, daß die Leeseiten von Mast und Segel eine ungebrochene Linie bilden, da ja die Leeseite eine dreimal so große Kraft entwickelt wie die Luvseite. Das Prinzip des drehbaren Mastes hat man schon vor 40 Jahren auf allen Eisyachten angewendet, und da war man sehr bemüht, die Leeseite gleichmäßig und ohne Übergangsknick zu erhalten. Der Mast muß also auf beiden Bugen in einem konstanten Winkel zum Großbaum stehen.

Um einem Profil eine so große Hubkraft und einen so kleinen Widerstand wie möglich zu geben, muß es sehr glatt und sauber sein. Auf dem Diagramm Seite 46 hat man Ungleichmäßigkeiten an verschiedenen Stellen eines Profils untersucht. Liegen sie an der Vorderkante, erhält man eine sehr schlechte Hubkraft bei relativ großem Widerstand. Liegt die Störung auf der Mitte, erhält man beinahe die maximale Hubkraft und einen etwas größeren Widerstand als bei einem ganz glatten Profil. Liegt sie an der Hinterkante, erhält man beinahe überhaupt keine Verschlechterung. Aus der Zeichnung ersieht man auch, wie wichtig es ist, daß der Mast nicht den Windstrom über das Segel stört. Auch mit einem drehbaren Mast ist das schwer zu erreichen, da muß man schon zu den breiten Profilmasten übergehen.

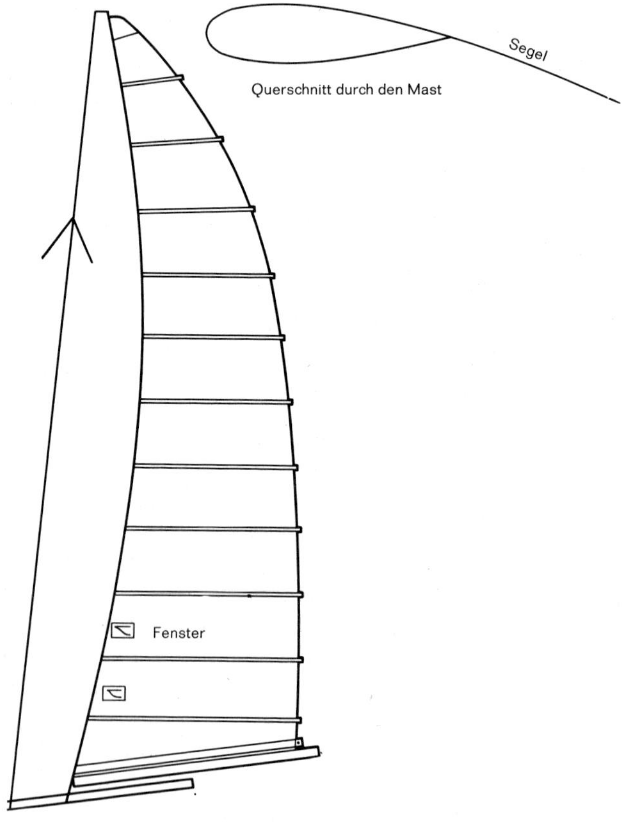

Die Achterkante des Profilmastes der erfolgreichen englischen „Lady Helmsman" ist gerundet, um sich dem Bauch auf verschiedenen Höhen anzupassen. Zur Kontrolle der Luftströmungen ist das Segel mit kleinen Fenstern versehen, an denen Wollfäden angebracht sind. So kann man sehen, ob die Luftströmung anliegt oder abgerissen ist.

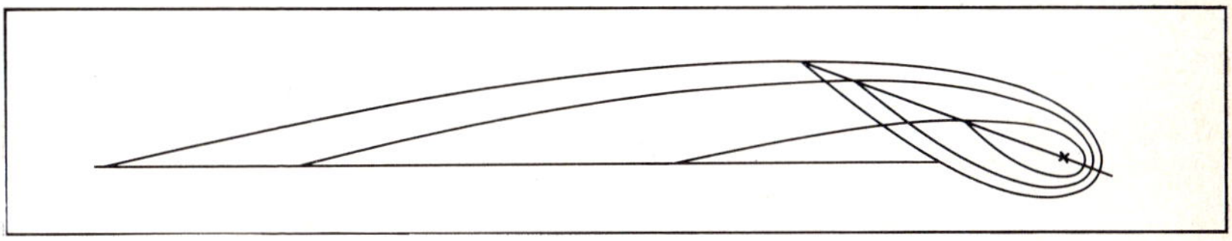

Ein Segel mit Profilmast von oben gesehen. Um eine Torsion zu vermeiden, muß der Mast ein gewisser Teil der Korda sein, in diesem Fall 30 %. Die totale Profiltiefe ist 1:10, während das gesamte Segel nur 1:35 ist.

Die Wirkung eines Segels ist nicht nur von der Größe des Bauches, sondern auch von seiner Lage abhängig. Die traditionelle Ansicht, daß die größte Wölbung im ersten Drittel liegen soll, hat sich als unrichtig erwiesen. Die größte Tiefe soll zwischen 40 % und 50 % vom Mast aus liegen. Doch gilt dies nur, wenn ein Boot nur ein Segel hat. Segelt man mit einem Vorsegel, muß der Bauch weiter vorne liegen, denn hierbei kann der ganze Segelplan als ein Flügel mit Spalt betrachtet werden. Das Vorsegel soll so geschotet werden, daß es beinahe Backwind in das Großsegel schickt, vor allem, wenn man hoch am Wind liegt. Ein Vorsegel ist durch seine scharfe Anschnittskante empfindlich für seinen Anstellwinkel und daher relativ unwirksam bei hoher Fahrt.

Durch die ziemlich freien Bestimmungen der Segelvermessung bei Katamaranen ist die Entwicklung in den letzten Jahren sehr schnell voran gegangen. Gerade die Profilmasten sind durch ihre große Wirksamkeit sehr beliebt geworden. In den größeren Katamaranklassen ist es beinahe unumgänglich einen Profilmast zu haben, wenn man bei Regatten erfolgreich sein will. Auf Seite 48 zeigen wir das Rigg der „Lady Helmsman", mit welcher die Engländer dreimal den „Little America's Cup" erfolgreich verteidigt haben. 1967 gegen Australien, 1966 und 1968 gegen USA, bis sie ihn 1969 gegen Dänemark verloren. Wie schon früher gesagt, war Australien seit 1970 im Besitz des Pokals, verlor ihn aber 1976 an die USA. Bei diesem Rennen trafen zwei völlig verschiedene Konstruktionsauffassungen aufeinander. Auf der einen Seite die überentwickelte Rennmaschine „Miss Nylex" (Australien), auf der anderen Seite „Aquarius V" (USA) mit einem gewöhnlichen Segel, das natürlich mit vielen Trimmraffinessen versehen war, so daß man die Segelwölbung und vor allem

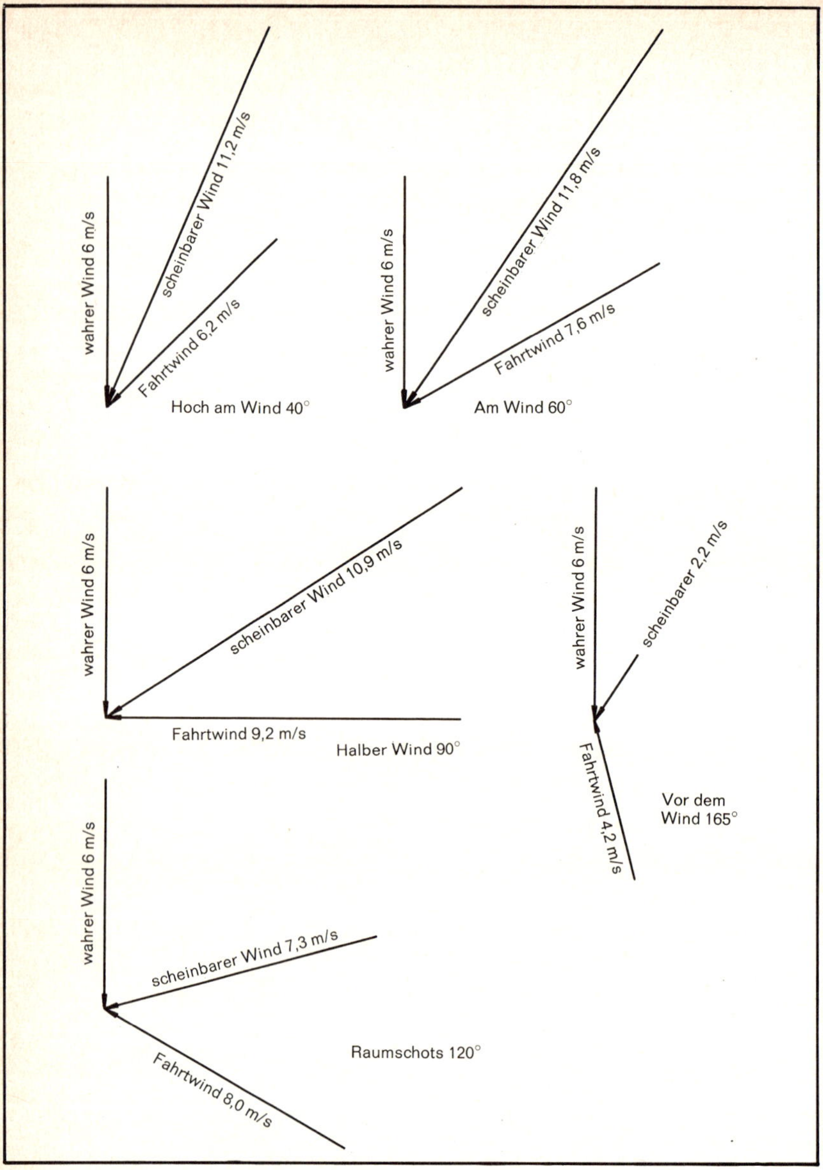

Die Einwirkung des scheinbaren Windes bei einer Geschwindigkeit des wahren Windes von 6 m/s. Die Fahrt in dieser Aufstellung ist dem Diagramm der nächsten Seite entnommen.

Für C-Katamaran — *Fahrt über 16 kn*
Kurs gegen wahren Wind 67° — 118° = 51°
Kurs gegen scheinbaren Wind 28° — 43° = 15°

Wind 6 m/s — *A: Kielboot 11,5 · 1,8 · 1,8 45 m² 4,3 ton*
B: Kreuzerkat. 10,1 · 4,3 · 1,5 67 m² 1,9 ton
C: C-Klassenkat.

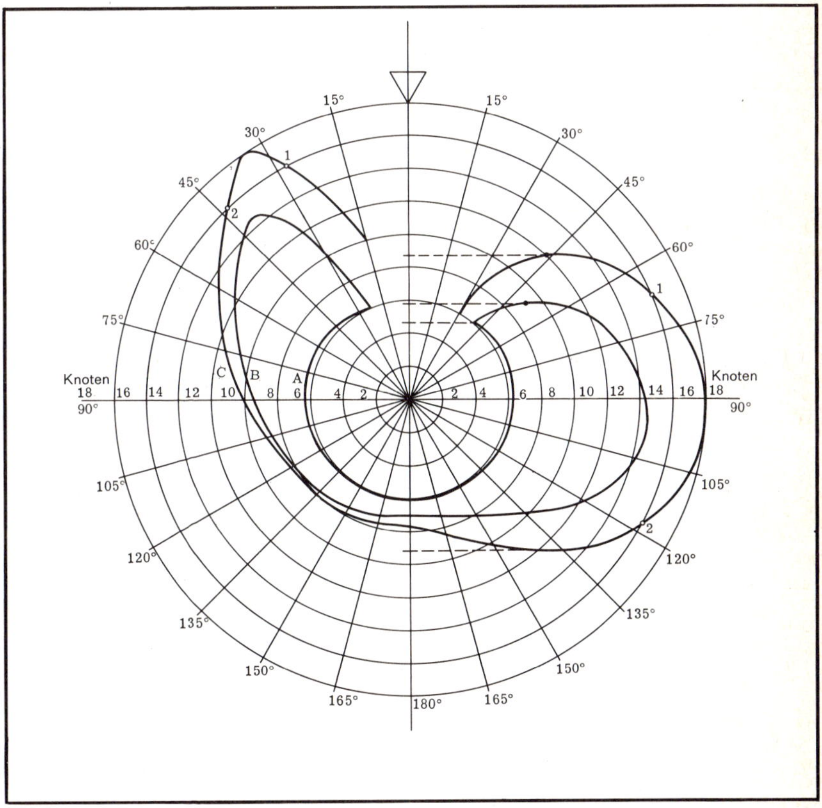

Die Fahrt von drei verschiedenen Booten bei 6 m/s wahrer Windgeschwindigkeit. Gegen den wahren Wind auf der rechten Hälfte und gegen den scheinbaren auf der linken.

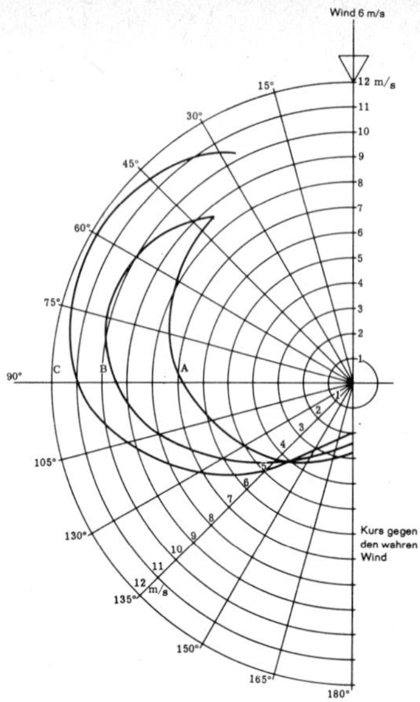

Die Stärke des scheinbaren Windes bei 6 m/s wahrer Windgeschwindigkeit auf verschiedenen Kursen zum Wind für A) Kielboot, B) Kreuzerkatamaran, C) C-Klassenkatamaran in dem Diagramm auf der vorhergehenden Seite.

die Verwindung weitgehend beeinflussen konnte. „Aquarius V" wog etwa 200 kg, während „Miss Nylex" 90 kg mehr Gewicht hatte: der Preis für das komplizierte Rigg.

Es zeigte sich, daß „Miss Nylex" schneller war, wenn es mehr als 5 m/s blies. Da aber leichte Winde vorherrschten, gelang es dem US-Boot, den Preis nach sieben harten Regatten zu gewinnen.

Diese Entwicklung ist für alle künftigen Rivalen um den „Little America's Cup" sehr erfreulich, denn sie beweist, daß es, wenn das Tuchsegel entsprechend geschnitten wird, auf diese Weise möglich ist, mit den Profilmasten zu konkurrieren.

Parallel gehen Experimente mit V- bzw. U-förmigen Rümpfen. Man stellt auch Versuche an mit der Placierung des Mastes, der weiter nach achtern gesetzt wird, um der Tauchtendenz entgegenzuwirken.

Doch zurück zur geschichtlichen Entwicklung. In den letzten Jahren wurden die Masten immer größer und breiter. Zuerst waren sie in der Achterkante noch gerade, um den Segelmachern die Arbeit zu erleichtern. Außerdem war das Profil oft noch ein Flügelprofil in sich und das Segel

nur eine Verlängerung desselben. Beides erwies sich als fehlerhaft. Da der Mast ja, wie schon gesagt, einen gewissen Anfallswinkel zum Baum haben und der Bauch gleichmäßig über das ganze Segel verteilt sein soll, muß die Achterkante des Profiles gerundet sein. Auf Seite 49 ist ein Segel mit Profilmast von oben gesehen gezeichnet. Der Mast ist bei dieser Konstruktion ein konstanter Teil der Segeltiefe über die ganze Höhe. Bei einem gewissen Winkel zwischen Mast und Baum erhält man so eine glatte Leeseite. Der breiteste Teil liegt daher beim Baum, wo das Segel ja gewöhnlich am breitesten ist.
Bei „Lady Helmsman" liegt die größte Mastbreite auf halber Höhe. Daher erhält man nicht die glatte Leeseite, die ja abhängig vom Winkel zwischen Mast und Baum ist. Da diese Profile sehr empfindlich für ihre Anstellwinkel zum Wind sind, kann es lange dauern, bis man in böigem Wind und bei Seegang mit ihnen zurecht kommt. Bei Seegang kommen durch die Stampfbewegung außerdem noch die unterschiedlichen Geschwindigkeiten im Topp und in der Höhe des Baumes dazu.
Um die Wirkung bei Profilmasten über einen größeren Bereich zu verbessern, kann man sie mit einem Vorflügel in der Vorderkante ausrüsten, der dann im Prinzip ein schmales Vorsegel darstellt. Diese Methode wird gewöhnlich bei Flugzeugen beim Starten und Landen angewendet, wo man große Hubkraft bei geringer Fahrt braucht. Ein solcher Vorflügel braucht mindestens einen Anstellwinkel von 8 bis 12°, aber durch dieses Arrangement wird das Segel unempfindlicher für Winkelveränderungen.
Der scheinbare Wind ist das Ergebnis von Zusammenwirken von Fahrtwind und wahrem Wind (siehe Seite 50). Da ein Mehrrumpfboot eine relativ hohe Geschwindigkeit und damit auch einen starken Fahrtwind hat, kann der scheinbare Wind sehr hoch von vorn kommen und Richtungen annehmen, die sich beträchtlich vom wahren Wind unterscheiden.
Die nächste Zeichnung zeigt Fahrtkurven für drei verschiedene Boote. Ein C-Katamaran, der 67° gegen den wahren Wind segelt, macht eine Fahrt von 16 kn. Die gleiche Fahrt macht das Boot auch bei 118° zum Wind. Der Unterschied bei beiden Kursen ist also 51°. Im linken Teil des Diagramms ist die Fahrt gegen den scheinbaren Wind eingezeichnet. Wenn der C-Katamaran 28° vom scheinbaren Wind segelt, macht er 16 kn.

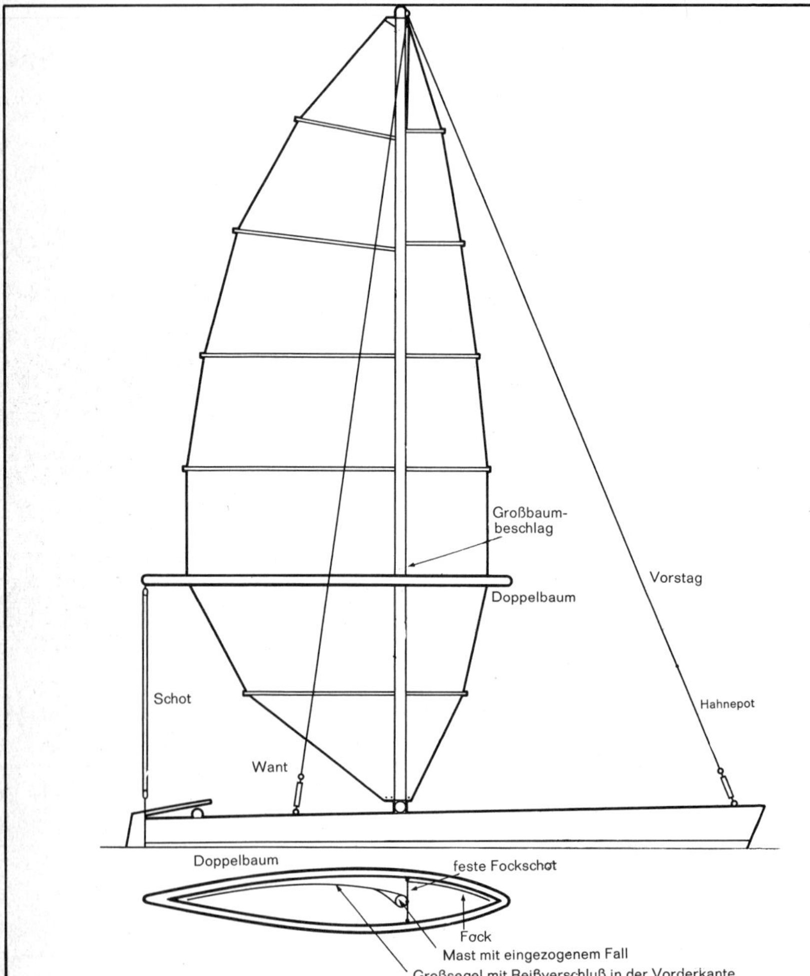

Das torsionsfreie Segel. Der Mast kann reichlich dick gemacht werden, da er nicht den Luftstrom stört, denn das Segel ist mit einer Reißverschlußtasche um ihn herum befestigt. Durch Anpassen der Flächen von Groß- und Vorsegel braucht man nur einen geringen Schotzug. Patent gesucht.

Experiment mit einem Spaltrigg auf einem Modelltrimaran. Das Segel ist frei vor dem Mast aufgehängt und wird dadurch nicht von ihm gestört. Außerdem ist der Winkel zwischen Fock und Großsegel konstant mit gleichem Effekt auf allen Kursen zum Wind. Patentiert.

Dieselbe Fahrt erhält er auch bei 43° vom scheinbaren Wind. Hier ist also der Unterschied nur 15°. Was der Segler also als eine kleine Kursänderung zum Wind empfindet, kann in Wirklichkeit dreimal so groß sein.

Der Wind hat verschiedene Geschwindigkeiten bei verschiedenen Höhen über dem Wasser. Abhängig vom Fahrtwind wird auch der scheinbare Wind verschieden groß mit verschiedenen Anstellwinkeln. Auf einem Kielboot, bei dem der Fahrtwind relativ klein ist, kann es ein Vorteil sein, eine gewisse Torsion im Segel zu haben. Man hat damit denselben Anstellwinkel gegen den scheinbaren Wind über das ganze Segel. Der Unterschied bei einem Kielboot kann 4° betragen, und es ist oft schwer, eine so kleine Torsion zustande zu bringen. Bei einem Katamaran soll man jedoch versuchen, ein so torsionsfreies Segel wie möglich zu erhalten. Wegen des großen Fahrtwindes sind Stärke und Winkeländerung des scheinbaren Windes von untergeordneter Bedeutung. Der Unterschied der Zugkraft zwischen einem tordierten und untordierten Segel kann bis zu 25 % betragen. Eine 13 %ige Fahrterhöhung kann man also durch ein einwandfrei stehendes Segel erreichen.

Bei Proben mit Einrumpfbooten hat es sich gezeigt, daß eine Überlappung durch das Vorsegel nicht immer notwendig ist. Dadurch kann man die Vorsegelaufhängung vereinfachen. Da es oft schwer ist, für die verschiedenen Geschwindigkeiten den richtigen Fockschotholepunkt zu finden, kann man sich mit einem Fockbaum helfen. Man fährt das Segel dann nicht am Vorstag und bringt einen Niederholer am Fockbaum an, der nach dem ersten Viertel des Unterlieks, vom Hals aus gemessen, angreift. Dadurch balanciert man das Segel und verhindert ein Auswehen des Achterliekes. Um das Vorsegel so torsionsfrei wie möglich zu machen, sollte es auch mit Latten versehen sein.

Zieht man das Unterliek der Genua bzw. den Großbaum so dicht wie möglich an Deck herunter, erhöht sich die Wirkung der Segel ganz erheblich dadurch, daß der Druckausgleich so weit wie möglich vermindert wird (bis zu 50 % kleinerer Luftwiderstand). Bei Booten vom Typ „Dacapo" 20 und 24 ist es leicht, einen abgedichteten Spalt gegen das Kajütdach zu erhalten, aber bei offenen Rennbooten ist es schwer, das gestörte Gebiet um den Großbaum herum zu vermindern. Da besteht nur die Möglichkeit, es so klein wie möglich zu machen.

Man sollte daher auch an der Unterkante des Segels einen ellipsenförmigen Teil anbringen (siehe Seite 54). Wenn man den Baum ein Stück nach oben versetzt, wirkt der untere Teil dem Auswehen des oberen entgegen. Man erhält hiermit ein torsionsfreies Segel. Um diesen Effekt noch zu verstärken, kann man noch ein Vorsegel davor in dem Doppelbaum anbringen. Auch das Vorsegel hat durchgehende Latten und eine Vorrundung, um es auszubalancieren. Dadurch, daß der Baum nach vorn vor den Mast geht, balanciert auch das Vorsegel gegen das Großsegel, was den Schotzug erheblich vermindert. Durch das Auswiegen der beiden Segel gegeneinander kann man den Schotzug auf ein Minimum herabbringen. Dieses Rigg ist vom Verfasser patentangemeldet.

Plastiklatten aus Elektrikerrohr. Sie sind am vorderen und hinteren Ende plattgedrückt. In die Achterkante bohrt man Löcher, um das Segel ausrecken zu können.

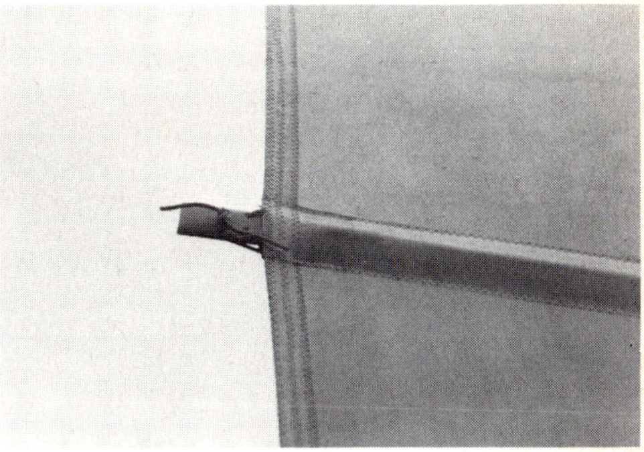

Der Ursprung für dieses Rigg ist das Spaltrigg auf Seite 55. Hier hängt das Segel in einem Galgen vor dem Mast, wodurch alle Störungen durch ihn auf das Segel vermieden werden. Die Segelfläche ist in ein Großsegel und ein Leitsegel aufgeteilt. Das Großsegel ist am Ober- und Unterliek mit Bäumen ausgerüstet, die nach vorn verlängert sind. Zwischen diesen Verlängerungen sitzt das balancierte Leitsegel, das in einem konstanten Winkel zum Großsegel geschotet ist. Die ganze Konstruktion ist in der Vorderkante des Großsegels aufgehängt. Dadurch, daß das Segel ganz frei von allen Wanten und Stagen geht, kann es sich im Prinzip um 360° drehen. Die Form des Segels, sein Bauch, Trimm usw. machen es möglich, daß man es ohne Übersteigerung segeln kann, bis der Wind 35° von achtern einkommt. Bei genau achterlichem Wind setzt man das Segel quer, wobei die ganze Fläche wirksam wird, da die Segel sich ja nicht gegenseitig abdecken. Auf Modellbooten der Experimentklasse X hat sich dieses Rigg sehr erfolgreich gezeigt und mehrere schwedische Meisterschaften gewonnen.
Auch die Toppriggs haben bei den Mehrrumpfbooten eine gewisse Verbreitung, vor allem bei den Kreuzertrimaranen, gefunden. Die Beliebtheit dieses Riggtyps beruht zumeist darauf, daß eine Vermessungsregel für Seekreuzer die großen Vorsegel begünstigt. Um das Vorstag aber richtig steif setzen zu können, muß man ein Achterstag anwenden, das seinerseits wieder die Achterlieksrundung des Großsegels begrenzt. Das Topprigg hat den Vorteil, daß man auf einfache Art die Segelgröße ver-

Der Mast eines Tornado mit Großbaumbeschlag. An der Vorderseite erkennt man den Fockfallstrecker. Die Wantenspanner sind mit Plastikrohr geschützt. Das Rohr unter dem Baum dient zur Einstellung des Winkels zwischen Mast und Großbaum.

Großschotanordnung auf einem Tornado. Die Großschottalje sitzt an einem Wagen, der auf einer Schiene auf dem Achterbalken läuft. Dieser Wagen wird mit dem unteren Ende gesteuert und seine Einstellung gibt dem Segel den richtigen Anstellwinkel.

Der Unterliekausholer auf einem Tornado. Das Unterliek wird mit einem Drahtseil gestreckt, das sich auf der Trommelachse aufrollt. Für den Rückgang sorgen Gummiseile. Durch den Durchmesser der Trommel erhält man eine gute Übersetzung.

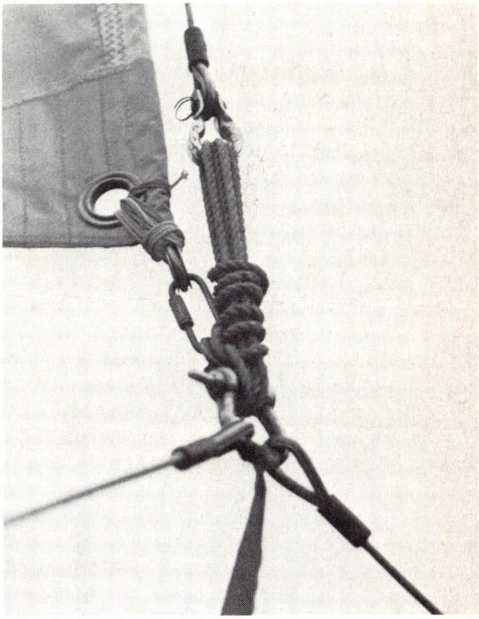

Vorstagbefestigung. An Stelle eines Wantenspanners wird eine Talje aus Terylenleine verwandt. Vom Schäkel geht eine Hahnepot zu den Steven der beiden Rümpfe. Außerdem sieht man ein Plastikband als Windanzeiger.

ändern kann, indem man nur die Vorsegel auswechselt. Bei Rennbooten ist das nicht aktuell, da man hier mit den vollen Segeln fährt und statt zu reffen den Bauch des Segels flach zieht.

Das Ketschrigg hat eine gewisse Verbreitung bei Langfahrtbooten bekommen, meistens deswegen, weil es für eine kleine Besatzung durch die Aufteilung des Riggs leichter zu handhaben ist. Mit Genua und Besanstagsegel kann die Segelfläche in weiten Grenzen variiert werden. Die Wirksamkeit dieses Riggs ist doch ziemlich begrenzt, da der Besan oft vom Großsegel und von den Vorsegeln gestört ist und außerdem die Verstagung einen erheblichen Luftwiderstand darstellt.

Wenn man an Stelle von Tuchsegeln Profile oder Tragflächen anwenden würde, könnte man ein besseres Resultat als mit einfachen Segeln erreichen. Man bekäme dadurch sogenannte Tandemdoppeldecker, die sehr

Profilmastsitz auf „Belsebub". Der Mast ruht auf einer Kugel (rechte Bildkante). Von diesem Sitz geht auch der Baum aus. Durch eine Talje kann der Winkel zwischen Mast und Baum von beiden Rümpfen aus verstellt werden.

sicher gegen Übersteigerung sind. Die Schwierigkeit besteht jedoch darin, eine Antriebsfläche zu erhalten, die keinen gestörten Wind hinter sich herschleppt.

Bei sehr leichtem Wind lohnt es sich, mit Spinnaker zu segeln, vor allem auf den größeren und langsameren Kreuzern. Weil aber der scheinbare Wind besonders auf Raumschot- und Halbwindkursen berücksichtigt werden muß, kann man den Spinnaker nicht so einsetzen, wie auf Kielbooten, wo man bei günstigen Verhältnissen bis hoch am Wind mit ihm segeln kann. Abhängig vom Schnitt und von der Schotführung besteht die Gefahr, daß der Spinnaker das Boot über das Leevorschiff zum Kentern bringt. Ein Spinnaker für ein Mehrrumpfboot sollte so flach wie möglich geschnitten sein. In Australien wendet man sie auch auf kleineren Booten an, aber es ist schwierig zu beurteilen, ob man einen Spinnaker fahren kann, ehe man es probiert und das Boot voll beschleunigt hat. Bei Langfahrten reicht es meistens, wenn man die Genua ausbaumt bzw.

Vorsegelschot auf einem Tornado. Durch Zug in den Terylenleinen kann man eine gewisse Justierung der Holepunkte erhalten. Sie werden in Rohrklemmen belegt. Die Taschen auf dem Tuchdeck dienen zur Verwahrung von Fall und Reserveausrüstung.

sie und die Fock gleichzeitig setzt. Wenn man die Breite eines Katamarans ausnutzt und z. B. den Hals der Genua auf einem der Rümpfe festsetzt, kann man auf raumen Kursen eine wirkungsvolle Segelfläche mit kleinem Spalt zwischen den Segeln erhalten.
In einem späteren Kapitel über Zukunftsboote werden wir noch auf andere Riggmöglichkeiten eingehen, die auf die hier beschriebenen Theorien zurückgehen.

Das Rigg der Praxis

Um die oben angeführten Voraussetzungen voll ausnutzen zu können, müssen die Segel mit größter Sorgfalt geschnitten und ausgerüstet werden. Um sie nicht zu deformieren, sollte man ein schweres Tuch wählen,

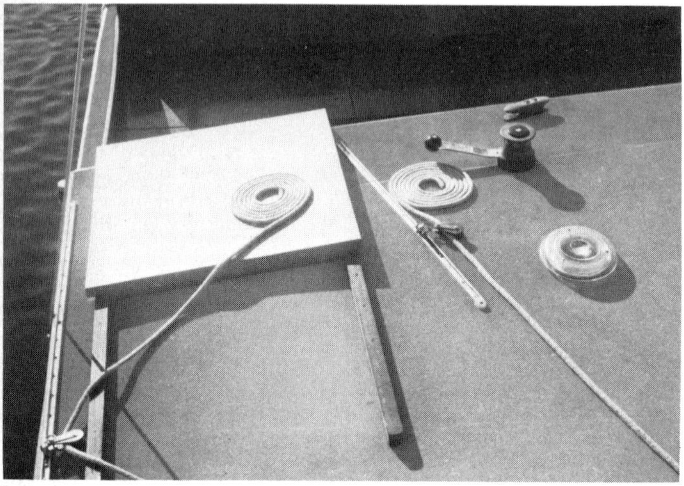

Fockschotschienen auf einem „Dacapo“ 20. Durch doppelte Schienen erhält die Fock einen größeren Wirkungsbereich.

Wer nennt die Namen aller Tampen auf einem C-Katamaran?

Fallentlaster auf einem Tornado. Am Mast sitzt ein fester Haken, zwischen Fall und Großsegel ein Ring. Zieht man den oberen Teil des Ringes über den Haken, sitzt er dort fest. Beim Fieren zieht man den Ring erst hoch über den Haken, so daß er dann vorbeigleitet.

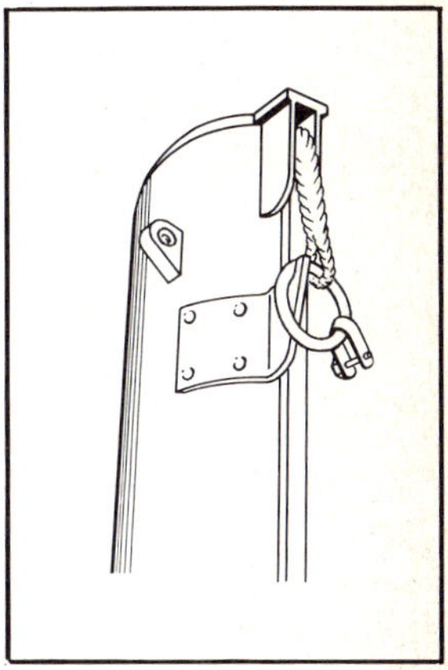

denn sie müssen größere Kräfte aushalten, als man es von Jollen und Kielbooten her gewohnt ist. Es wird jetzt nur Polyestertuch unter den Namen Terylen, Dacron oder Diolen für diese Zwecke angewendet. Um Deformationen bei kräftigem Schotzug zu vermeiden, legt man bei einem Segel, das mit durchgehenden Latten ausgerüstet ist, die Bahnen parallel zu den Latten. Gewöhnlich schneidet man das Großsegel relativ flach, also ohne Mastrundung oder nur mit einer sehr kleinen. Sehr viel Sorgfalt sollte man dem Schothorn widmen, da hier die Belastung sehr groß werden kann.

Es ist fast unmöglich, ein Vorstag richtig gestreckt zu bekommen. Hat das Vorsegel ein gerades Stagliek, so wird der Bauch im Topp zu groß und zu klein am Unterliek. Um eine gleichmäßige Wölbung zu erhalten, muß das Vorsegel im oberen Drittel unterschnitten sein, während der Rest des Stagliekes eine positive Rundung haben soll. Wie groß diese S-Form sein soll, muß man nach Erfahrung beurteilen, denn sie richtet sich nach der Dehnbarkeit des Tuches und der Flexibilität des Mastes und des Rumpfes. Das Fockachterliek soll auch unterschnitten sein, damit es sich dem Bauch des Großsegels anpaßt und ordentlich gestreckt werden kann. Um den Schotzug so gleichmäßig wie möglich zu verteilen, kann

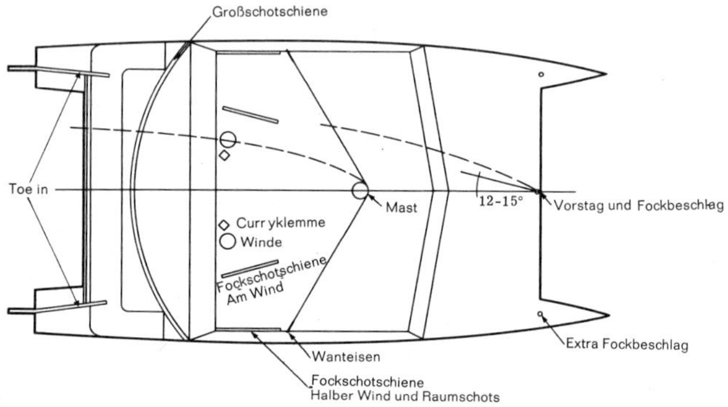

Decksanordnungen auf einem Kreuzerkatamaran.

man das Vorsegel in Fächerform aus drei oder vier gleichen Sektoren schneiden, die ihren Mittelpunkt am Schothorn haben.

Ein Großsegel rüstet man gewöhnlich mit sieben bis neun durchgehenden Latten und einer Baumlatte aus. In Schweden wendet man oft Elektrikerrohr aus Plastik an, das man an den Enden aufwärmt und etwas platt drückt. Die Längen müssen so abgepaßt werden, daß man sie nur mit großer Kraft in die Lattentaschen pressen kann. Das Segel wird am Mastliek gegen Abnutzung mit einem Plastikschutz versehen. Die Latten müssen so verjüngt werden, daß sie gut in diesen Schutz hineinpassen und so stramm in der Tasche sitzen, daß sie beim Segeln nicht herausrutschen, da sie sonst durch die Abnutzung am Mast schnell verdorben werden. Der flache Lattenteil darf nicht zu lang sein, damit er nicht abknickt, und die beiden oberen und die Baumlatte sollten etwas schwächer dimensioniert sein, um einen gleichmäßigen Bauch über das ganze Segel zu bekommen. Die Spannung der Latten kann durch vorsichtiges

Anwärmen und Plattdrücken justiert werden. Solche Plastiklatten haben den Vorteil, daß sie nicht so schnell brechen oder sich durch Feuchtigkeit verformen, wie es bei Holzlatten oft der Fall ist. Außerdem sind sie leicht herzustellen und billig im Einkauf. Bei tagelangem Segeln auf einem Bug, wie z. B. bei Seeregatten, kann das Rohr sich leider etwas verformen, was aber auch bei Holzlatten passieren kann. Es gibt neuerdings auch Latten aus glasfiberarmiertem Plastik.

Um den Bauch im Großsegel beeinflussen zu können, rüstet man es mit einem dünnen Drahtseil am Achterliek aus, das durch die Enden der Latten geht. Außerdem muß man einen kräftigen Ausholer am Schothorn und einen Strecker am Mast haben. Will man das Segel bauchig haben, streckt man es kräftig im Mastliek und im Achterliek, setzt es aber nicht mit dem Ausholer steif, sondern zieht das Schothorn mit einem Gummistropp zum Mast hin. Die Schot wird dabei lose gefahren. Soll das Segel bei härterem Wind flach sein, streckt man es nicht im Mastliek, sondern mit dem Ausholer im Baum und fährt das Achterliek ganz lose. Außerdem schotet man an der Kreuz so hart wie möglich, um den Mast nach vorn durchzubiegen.

Zu diesen drei Justierungsmöglichkeiten kommt noch eine Möglichkeit, den Winkel zwischen Mast und Baum und die Plazierung des Schotholepunktes zu beeinflussen. Der Mast wird am einfachsten mit einem Hebelarm versehen, der mit einem kurzen Stropp zum Großbaum hin verlängert wird. Bei Profilmasten kann es auf Grund der größeren Kräfte, die hier auftreten, etwas beschwerlicher sein.

Die meisten größeren Katamarane rüstet man mit einer kreisförmigen Schotschiene aus. Darauf befindet sich ein kräftiger Wagen, dessen Lage durch eine Talje eingestellt werden kann. Eventuell kann man das Boot auch mit zwei Schoten ausrüsten, von denen eine mittschiffs und die andere auf dem Wagen eingreift. Bei Raumschotkursen hält die Schot auf dem Wagen das Segel gestreckt, während die andere den Winkel des Großbaums zum Wind bestimmt. Auf der Kreuz arbeiten beide Schoten zusammen und erhöhen dadurch den Schotzug ganz erheblich. Außerdem wird der empfindliche Schotwagen entlastet.

Um auch das Vorsegel richtig ausnützen zu können, rüstet man es mit

doppelten Schoten und Schienen aus, eine im richtigen Winkel für die Kreuz und die andere so weit wie möglich nach außen. Eine andere Anordnung zeigt das Bild auf Seite 61. Fiert man den nach vorn führenden Tampen, kann man eine gewisse Justierungsmöglichkeit erhalten. Es ist wichtig, daß man auf raumen Kursen den Holepunkt für die Fock so weit wie möglich nach außen legt. Der Holepunkt bei schnellen Booten liegt auf Kreuzkursen ca. 15°, bei Kreuzern und langsameren Booten 19° von der Mittschiffsebene. Gewöhnlich verlangt ein niedriges Rigg einen größeren Anfallswinkel und geht daher nicht so hoch an den Wind wie hohe und schmale Riggs.
Aus dem oben Gesagten geht hervor, daß man allein am Großsegel bis zu sechs verschiedene Justierungsmöglichkeiten hat, die man alle bedienen soll. Alle müssen in bestem Trimm gehalten werden und so angeordnet sein, daß sie nur wenig Kraft beanspruchen. Viele Rennen sind schon an Land durch schlechte Ausführung, zu schwache Dimensionen, nicht durchdachte Lösungen und unpraktische Anordnungen entschieden worden.
Um Knickbeanspruchung des Mastes zu vermeiden, sollen die Fallen im Mast geführt werden. Bei Segeln, die nicht gerefft werden, kann der Mast mit einem Fallentlaster versehen werden. Eine einfache Anordnung zeigt die Zeichnung auf Seite 63. Zwischen Segelkopf und Fall sitzt ein Ring, der beim Heißen über den Haken gleitet. Beim Fieren zieht man erst das Segel etwas höher, damit der Ring frei vom Haken kommt und dann beim Heruntergleiten vorbeigeht. Hat man einen Entlaster, kann das Fall bedeutend schwächer und z. B. aus Terylen sein. Bei Kreuzern, wo man das Segel reffen muß, soll man ein weiches Drahtseil mit 133 Drähten anwenden. Um das Mast- und Vorliek ordentlich strecken zu können, muß man eine Fallwinde oder eine Strecktalje anbringen. Das Vorsegel kann auch durch einen Hebel gestreckt werden. Bei Riggs mit Fallen, die außen am Mast laufen, kann man auch einen offenen Block zwischen die Holepart und das Drahtfall legen und damit das Vorsegel strecken.
Die Verstagung soll so einfach und stark wie möglich gemacht werden. Eventuell kann man den Mast stärker dimensionieren, so daß man mit

weniger Wanten und Stagen auskommt. Dadurch erhält man einen geringen Luftwiderstand, aber ein etwas höheres Gewicht. Man muß diese beiden Faktoren gegeneinander abwägen. An Stelle von Spannschrauben verwendet man auf Rennbooten oft eine Art Talje, die aus einem Terylenende besteht, das mehrmals durch eine Kausch und das Wanteisen geholt wird, eine moderne Variation der Jungfrau. Beim Kentern kann man das Rigg leicht kappen, so daß es nicht zerstört wird, wenn das Boot sich vollkommen drehen sollte und mit dem Rigg nach unten liegt.

Die Riggdrähte müssen stärker als bei Kielbooten sein. Dies gilt besonders für das Vorstag, das durch den Zug der Großschot starken Kräften ausgesetzt ist. Eine Eisyacht z. B. mit ihrer oft zehnmal geschorenen Schot hat ein Vorstag von 10 mm Durchmesser. Auf kleineren Booten wendet man oft einfachen Stahldraht an, mit dem man aber sehr vorsichtig umgehen muß, damit er beim Abriggen keine Kinken erhält, die ihn augenblicklich verderben würden. Um allzu große Deformationen zu vermeiden, verwendet man ein Drahtseil mit 19 Drähten.

Um richtig segeln zu können, muß das Boot mit einem oder mehreren Windanzeigern ausgerüstet sein, nach denen man sich auch wirklich richten muß. Gewöhnlich nimmt man eine kleine Flagge oder einen Wimpel im Topp. Man sollte sie durch Bänder oder ähnliches im Want komplettieren. Auf größeren Seekreuzern wendet man oft elektrische Windanzeiger an, die das Segeln wesentlich erleichtern. Um zu sehen, ob das Segel übersteigert ist, versieht man es mit kleinen Fenstern. Auf jede Seite klebt man einen Wollfaden. Liegt dieser auf der Leeseite horizontal, hat man eine gute Strömung über das Segel. Auch am Achterliek kann man solche Fäden anbringen und damit Strömung und Turbulenz kontrollieren.

Auf Kreuzern refft man normalerweise mit Bindereff. Das hat den Vorteil, daß man den Bauch des Segels leicht justieren kann. Der Baum hat dann gewöhnlich Haken auf beiden Seiten. Die Reffleine zieht man durch die Reffkauschen, legt sie um die Haken und kann dann das Segel gegen den Baum strecken. Die Latten nimmt man dabei nicht heraus. Aber auch das Drehreff wird bei Großsegeln mit durchgehenden Latten angewendet. Meistens muß man die unterste Latte herausnehmen, aber dann kann

man das Segel bis zur dritten Latte reffen, wenn die Latten parallel zum Unterliek angebracht sind. Unter der dritten Latte sollte man das Segel mit einem Grundreff in Form eines Bindereffs versehen. Besondere Verstärkungen und ein extra Schot- und Halshorn sind notwendig.
Um sein Boot richtig kennenzulernen, sollte man es so oft wie möglich und bei verschiedenen Windstärken und Richtungen von einem anderen Boot aus fotografieren. Dann kann man in aller Ruhe analysieren, warum ein Segel zieht oder nicht. Gerade ein Foto zeigt oft mehr, als die Wirklichkeit oder ein Film wiedergeben können. Vielleicht zeigt ein Film die Wellenbildung besser, aber meistens sind die Abschnitte zu kurz und zu unruhig.
Um sein Boot richtig kennenzulernen, ist es angebracht, die ersten Fahrten mit einem erfahrenen Regattasegler, am besten einem Mehrrumpfbootsegler, zu machen. Auch der Konstrukteur sollte wissen, wie man die Möglichkeiten eines Bootes wirksam ausnutzt. Verschiedene Boote müssen daher oft nach ihren besonderen Eigenschaften getrimmt und gesegelt werden. Rigg und Rumpf müssen eben aufeinander eingespielt werden.

Rumpfbaumethoden

Da die Segeleigenschaften eines Mehrrumpfbootes sehr von seinem Gewicht abhängen, gilt es, die Materialdimensionen so klein wie möglich zu halten. Bei Rennnbooten unterdimensioniert man das ganze Boot soweit, daß man damit rechnen muß, daß etwas entzwei geht. Bei eventuellen Havarien verstärkt man dann die empfindlichsten Stellen. So vermeidet man ein Extragewicht an Stellen, die keinen Belastungen ausgesetzt sind, lernt die schwachen Punkte des Bootes kennen und vermeidet die Überbelastung. Bei der Materialwahl soll man nicht nur auf die Bruchsicherheit Rücksicht nehmen, sondern auch auf die Steifheit, d.h. auf die spezifische Bruchsicherheit und das Elastizitätsverhalten. Oft ist das letzte wichtig zur Vermeidung allzu großer Deformationen in Rumpf oder Rigg. Um das Gewicht zu verringern, lassen sich viele Kräfte an bestimmten Stellen konzentrieren.
So kann man eine starke Stelle im Rumpf, z. B. den Schwertkasten und die Wantbefestigung zu weiteren Zwecken heranziehen. Bei Kreuzerkatamaranen und Trimaranen kann die Einrichtung zur Verstärkung des Bootes ausgenutzt werden. Durch sinnvolles und vernünftiges Planen kann man auch bei einem Kreuzer ein niedriges Gewicht erhalten.

Sperrholzboote

Die im Handel befindlichen Sperrholzsorten weisen einen großen Unterschied in Qualität und Preis auf. Leider können nicht alle Hersteller zufriedenstellende Angaben über ihre Produkte machen. Da man große Anforderungen an die Leimfugen im Sperrholz stellen muß, muß es von höchster Qualität sein und der deutschen Normklasse AW 100 oder der englischen BS 1445/56 WBP entsprechen. In Schweden nennt man diese Qualität U-Sperrholz und jede Platte hat ihren Gütestempel. Diese Marken bezeichnen ein mit Fenolharzleim angefertigtes Sperrholz. Es ist wichtig, daß die in Booten angewendeten Holzsorten wirklich diese Qualität haben. Die verschiedenen Furniersorten sollten ebenfalls mit größter Sorgfalt gewählt sein. Da die meisten Sperrholzboote angestrichen werden, soll das Außenfurnier dem angepaßt, d. h. am besten aus Mahagoni oder Gabun sein. Geschältes Kiefern- oder Tannenholz gibt oft Anlaß zu Rissen und Krakelierung in der Farbe. Ein Fehler, der später schwer zu entfernen ist. Da die Beanspruchung der Leimfugen in einem Sperrholzboot ganz bedeutend sind, müssen sie sorgfältig und mit bestem Leim hergestellt werden. Empfehlenswert sind Fenolharzleime, die sehr gute Eigenschaften haben, aber auch große Ansprüche bei der Verarbeitung stellen. Das Wichtigste für eine gute Leimfuge ist, daß das Holz sauber und trocken ist und daß der Arbeitsraum relativ hohe Temperatur (mindestens 18°) und eine geringe Luftfeuchtigkeit hat. Die beiden Komponenten des Leimes mischt man kurz vor der Verarbeitung, da er nur eine begrenzte Topfzeit hat; das kann ein Nachteil sein, wenn man große Flächen zu leimen hat. Das Wichtigste für eine gute Leimfuge ist aber, daß der Anpreßdruck groß genug ist. Er muß mindestens 1 kg auf einem cm^2 betragen, was man mit Nägeln, Schrauben oder Schraubzwingen erreichen kann. Auch andere Leime, wie z. B. Karbamidharzleim mit gutem Füllgrad sind vielfach verwendet worden. Leider ist diese Leimsorte nicht ganz wasserfest und verlangt daher einen guten Schutz gegen eindringende Feuchtigkeit. Fenolharzleim gibt eine rotbraune Leimfuge, während Karbamidleim farblos ist, was ein Vorteil bei der Inneneinrichtung sein kann. Die Gebrauchsanweisungen der Herstellerfirmen soll man stets mit großer Sorgfalt befolgen.

Nägel muß man verwenden, wenn man große Flächen aufzubringen hat, ehe der Leim anfängt abzubinden. Bei schwachen Dimensionen empfiehlt es sich, Schrauben zu nehmen. Leider kann man dann nur kleinere Partien bearbeiten, da das Schrauben längere Zeit dauert. Schrauben sollen aus Silikonbronze oder rostfreiem Stahl sein, denn Messingschrauben zersetzen sich im Seewasser durch Elektrolyse, und nach einigen Jahren

Bau eines „Dacapo" 31 in Sperrholz.

ist nur noch ein Pulver in den Schraubenlöchern übrig. Gewöhnlich versenkt man erst bei dicken Sperrholzplatten die Schrauben- und Nagelköpfe, um eine Schwächung zu vermeiden. Kann man den erforderlichen Druck durch Schraubzwingen erreichen, so ist das vorzuziehen.
Wenn man nicht mit ganzen Platten arbeiten kann, muß man sie gegeneinanderstoßen und laschen. Am besten ist es, mit einem Sperrholzbrett in der Länge von 20 mal Plankendicke zu arbeiten. Dieses Stück leimt man zwischen Längsstringer, Balkweger und Kiel und hält es mit in zwei Reihen versetzter Nägel an seinem Platz.
Gewöhnlich baut man die Rümpfe über Kopf auf Mallen. Diese stellt man aus Spanplatten oder Ausschußleisten her und versieht sie mit Spuren für Längsstringer, Balkweger und Bodenwrangen. Manchmal vorfabriziert man auch die Schotten und stellt sie zwischen den Mallen auf. Sie werden aus Sperrholzplatten mit Kantenverstärkung hergestellt, wobei es wichtig

ist, daß sie nicht bis zur Außenhaut durchgehen, um eine Biegung über das Schott zu vermeiden.
Beim Aufreißen der Mallen muß man die Dicke der Außenhaut von den Maßen des Linienrisses abziehen. Ehe man Stringer und Balkweger auf den Mallen anbringt, muß man ihre Kanten brechen, so daß keine Vertiefungen entstehen, in denen nachher das Wasser stehen bleibt.
Stringer und Weger macht man gewöhnlich aus hochkantstehenden Leisten. Um die Sperrholzkanten zu schützen, belegt man sie mit Polyester und Glasfasergewebe.
Die Kiele macht man in der Regel aus einer einfach gebogenen Planke, die so angeschärft wird, daß die Außenhaut gut anliegt. Bei der Sperrholzausführung von „Dacapo" 20, 24 und 31 wendet man eine breite Sperrholzplanke an und vermeidet dadurch eine schwere Kielkonstruktion (siehe Linienriß auf Seite 21). Außerdem gewinnt man eine größere Stehhöhe im Boot.
Der Steven besteht aus einem lamellengeleimten Balken mit einer dünnen Leiste, die man auf die Außenseite legt, um die empfindliche Sperrholzkante zu schützen. Die in den Rumpf eingehenden Teile müssen ordentlich an den Mallen und dem Stapelbett befestigt werden, damit sie sich beim Aufbringen der Außenhaut nicht verschieben.
Die Decksbalken baut man oft aus 5 bis 8 mm starken Leisten, die man beim Leimen über eine Form legt und ihnen so von Anfang an die richtige Biegung gibt. Man muß dabei auf die Spannung im Holz Rücksicht nehmen, d. h., man muß sie etwas stärker biegen, als sie nachher gebraucht werden. Bei Rennkatamaranen nimmt man oft hochkant stehendes Sperrholz für die Decksbalken, was aber bei Kreuzern nicht zu empfehlen ist, da sie zuviel Platz einnehmen. Ausgesägte Balken soll man aber auf alle Fälle vermeiden, da sie nur geringe Haltbarkeit haben.
Die Beplankung beginnt man mit dem Spiegel, den man auf seinem Rahmen festsetzt. Dann kommen die Seitenplanken und zuletzt die Bodenplatte. Da die Kielplanken in der Regel doppelt gebogen sind, kann man sich die Arbeit durch Nässen der Außenseite etwas erleichtern. Ist die Beplankung klar, schützt man die Fugen gewöhnlich mit Polyester und Glasfasergewebe.

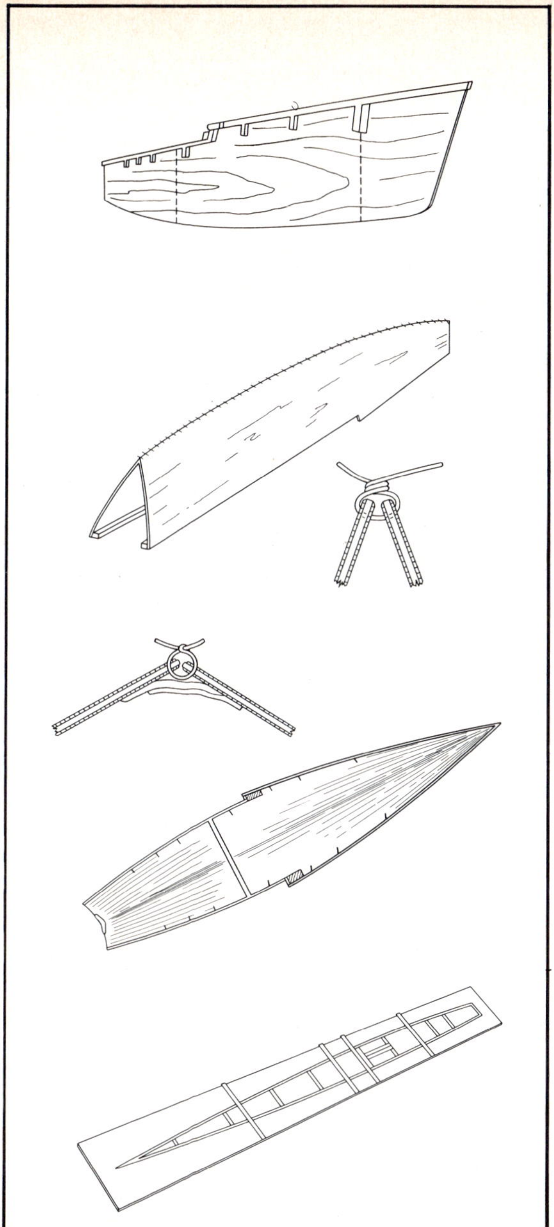

Beim Bau eines „Tornado", „Unicorn" usw. werden die Platten ausgesägt und danach die Festpunkte für Decksbalken und Balkweger montiert.

Mit Hilfe von Löchern entlang der Kiellinie und im Steven werden die Platten mit Kupferdraht „zusammengenäht".

Die Außenhautseiten werden mit dem richtigen Bodenwinkel ausgelegt und dann außer im Vorsteven mit Glasmatte und Harz fest verbunden.

Rahmen aus Preßplatte und Leisten 1" x 1", in welchem der Rumpf montiert wird. Nun kann auch der Vorsteven zusammengefügt werden,
worauf man auch das Deck und die Beschläge montiert.

Einen Teil der Außenbehandlung sollte man schon während des Baues vornehmen. Man malt meistens mit Polyuretanlack, einem Zweikomponentenlack, der eine sehr gute Widerstandskraft und große Wetterbeständigkeit hat. Bei der ersten Schicht sollte man ihn verdünnen, so daß die Holzfasern sich nicht aufrichten. Alle Flächen sollen drei- bis viermal angestrichen und dazwischen sorgfältig geschliffen werden.
Soll das Boot einen Plastiküberzug erhalten, so geschieht das mit Polyester und Polyestergewebe. Will man die Außenhaut verstärken, geschieht dieses mit Plastik und Glasfasergewebe, wobei man die Holzdicke um ein Drittel verringern kann. Außerdem kann man eine einfachere und billigere Holzsorte als Mahagoni oder Gabun verwenden.

Der Bau von Sperrholzbooten ohne Mallen

Eine Methode, Sperrholzboote ohne Mallen und mit doppeltgebogenen Flächen zu bauen, hat man erfolgreich für „Unicorn", „Manta" und „Tornado" angewandt. Man zeichnet die Rumpfseiten auf Sperrholzplatten von 4 mm Dicke auf und sägt sie aus. Wichtig ist, daß die drei Schichten des Sperrholzes gleich dick sind, sonst kann man sie nicht in zwei Richtungen biegen. Sind die Seiten ausgesägt und sauber in die richtige Form geputzt, befestigt man die Balkweger und die Auflagestücke für die Decksbalken. Sie können nur geleimt und mit Zwingen an ihrem Platz gehalten werden, wenn man Gewichtszuwachs und Schwächung durch Nägel oder Schrauben vermeiden will. In der Kiel- und Stevenlinie faßt man die Planken im richtigen Winkel. Es ist wichtig, daß man die Balkweger auf die richtige Seite der Platten leimt, damit man nicht zwei gleiche Seiten erhält. Es wäre nicht das erste Mal, daß so etwas passiert. Ist der Leim hart, bohrt man mit 10 cm Abstand Löcher in die Kiellinie, worauf die beiden Seiten mit 1,5 mm Kupferdraht „zusammengenäht" werden. Danach legt man sie so aus, daß der richtige Kielwinkel entsteht, und fixiert ihn mit Glasgewebe und Harz. Man beginnt an der Innenseite. Wenn der Harz hart ist, kneift man die Kupferdrähte ab und behandelt die Außenseite. Wichtig ist, daß der Kielwinkel genau eingehalten wird. Im Steven geschieht noch nichts, da sich dort der Winkel noch ändert,

wenn man das Deck aufbringt. Ehe man die Rumpfschale in z. B. zwei Mallen drückt, muß man sich überzeugen, daß der Harz wirklich gehärtet ist.
Eine geeignete Decksform stellt man aus Preßspanplatte und 1 x 1 Zoll Leisten her. Es ist wichtig, daß sie die richtigen Maße hat und sich nicht verformt, wenn man sie über den Rumpf preßt. Nun kann man auch den Steven bearbeiten, ehe die Malerarbeiten innen beginnen. Schwertkasten, Achterspiegel und Verstärkungen werden angebracht. An den Auflagepunkten der Decksbalken verstärkt man das Sperrholz mit einigen Lagen Glasgewebe.
Im Vorschiff drückt man eine Scheibe aus PVC-Hartschaumstoff ein, um ein späteres Verformen zu vermeiden und damit das Boot seine richtige Vorschiffsform erhält.
Die Decksbalken aus Sperrholz montiert man entweder an den vorher eingeleimten Klötzen oder man klebt sie mit zwei Lagen Glasfibermatte fest. Ehe man das Deck montiert, müssen alle Malerarbeiten im Rumpf klar sein. Ist das Deck an seinem Platz, so daß das Vorschiff seine richtige Form erhalten hat, legt man die letzte Schicht Glasfaser auf den Vorsteven. Danach kann das Boot aus der Decksform genommen werden und die Außenbehandlung beginnen. Ist sie fertig, kommen die Beschläge an die Reihe. Es ist sehr wichtig zu kontrollieren, ob die Rümpfe parallel liegen, wenn man die Befestigungen für die Brückenbalken montiert. Einen Teil der Beschläge, wie Ruderbeschlag, Wanteisen usw., muß man vielleicht schon montieren, ehe das Deck aufgebracht wird. Durch diese Bauweise erhält man einen sehr steifen, starken und doch leichten Rumpf. Außerdem empfiehlt sich diese Methode auch für den Amateurbau, da man einen schönen, rundspantigen Rumpf mit einer sehr einfachen Bauweise erhält.

Rümpfe aus geleimtem Sperrholz

Größere Boote kann man nicht auf die oben beschriebene Weise herstellen. Man kann sie aber mit Sperrholzstreifen planken, die diagonal gegen den Kiel gelegt werden. Wie gewöhnlich beginnt man mit den

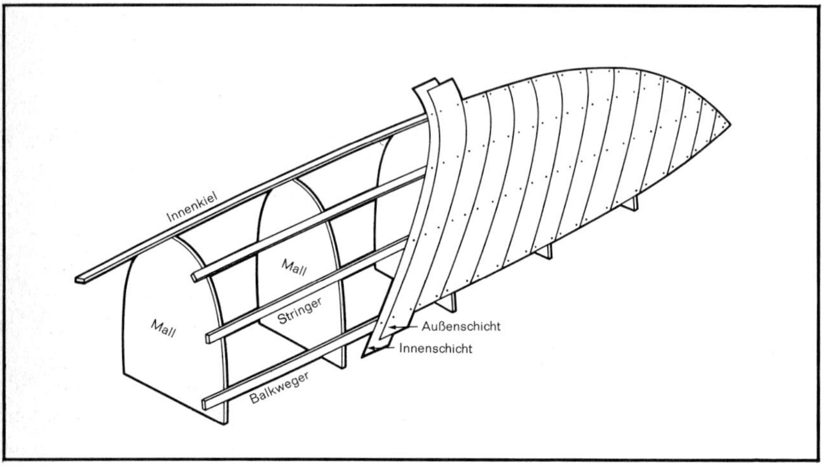

Aufplanken mit Sperrholzstreifen, welche mit 4 cm Verschiebung parallel gelegt werden. Sie werden an Innenkiel, Stringern und Balkweger genagelt. Dazwischen erhöht man den notwendigen Leimdruck durch Schraubzwingen.

Mallen und Einrichtungsschotten wie beim Sperrholzboot. Diese montiert man auf ein kräftiges Stapelbett, worauf man den Innenkiel, die Stringer und den Balkweger einsetzt. Der Innenkiel besteht aus einer einfach gekrümmten Planke, die so im Winkel gehobelt sein muß, daß die Außenhaut richtig anliegt.

Der Innensteven besteht aus lamellenverleimten Leisten und wird am Kiel und Stapelbett montiert. Auch hier dürfen die Schotten nicht bis zur Außenhaut durchgeführt werden; ein kleiner Zwischenraum muß frei bleiben. Durch diese Bauweise vermeidet man die empfindlichen Kimmstringer, die ein Dichtungs- und Bauproblem bei den gewöhnlichen Sperrholzbooten mit einfach gebogenen Platten sein können.

Das Sperrholz sägt man in 10 bis 12 cm breite Streifen. Die ersten beiden Streifen legt man diagonal vom Kiel zum Balkweger und nagelt sie

mit Leim darunter an Kiel, Stringer und Balkweger fest. Darauf legt man den ersten Streifen der äußeren Schale mit Leim auf und nagelt ihn ebenfalls fest. An den freien Stellen zwischen Kiel, Balkweger usw. nimmt man Schraubzwingen, um den erforderlichen Leimdruck zu erhalten. Die zweite Lage verschiebt man ca. 4 cm gegen die erste. Die Streifen liegen in einem Winkel von ca. 30° gegen Kiel und Balkweger. Kontrolliere, ob sie sich auch im Achterschiff über die stärkere Krümmung legen lassen, ohne zu brechen. Sonst kann es notwendig sein, sie an der Außenseite anzufeuchten. Mit dieser Bauweise kann man unbegrenzt große, sehr starke und leichte Rümpfe herstellen. Diese Methode eignet sich am besten für große Rümpfe, wobei die Spanten im Vorschiff auch einen S-Schlag haben können.
Wenn das Aufplanken fertig ist, wendet man den Rumpf und behandelt die Außenhaut wie gewöhnlich. Wenn man den Rumpf vom Stapelbett hebt, muß man kontrollieren, ob die Breite auch noch stimmt, d. h., ob sie nicht größer geworden ist, als die Zeichnung angibt. Das kann man vermeiden, wenn einige Schotten schon von Anfang an mit eingebaut werden oder wenn man einige Leisten als Ersatz für die Decksbalken einlegt. Sind die Rümpfe aufgestellt und alles in der richtigen Lage fixiert, kann man die Arbeit mit den Aufbauten und der Brücke fortsetzen.
Der Außenbehandlung muß ein sorgfältiges Schleifen vorangehen, damit aller überschüssiger Leim verschwindet. Das geht leider sehr über die Werkzeuge, da der Leim hart ist. Eventuell kann auch eine Belegung mit Polyester an Stelle der Außenbehandlung mit Farbe in Frage kommen.

Rümpfe aus Furnier

Viele kleine Boote mit runden Formen hat man aus Furnier in mehreren Schichten gebaut. Sie werden sehr leicht und stabil, man muß sie aber sorgfältig gegen Wasser schützen. Die Arbeit beginnt mit der Herstellung eines Kerns aus Mallen und Leisten. Die Mallen stehen in einem Abstand von 35 cm, wenn die Leisten 15 x 15 mm sind, oder in einem Abstand von 50 cm, wenn man die Leisten 22 x 22 mm wählt. Diese Dimensionen müssen eingehalten werden, wenn man vermeiden will, daß die Leisten

zwischen den Mallen einsinken und außerdem schwächt man die Konstruktion auch noch durch das Nageln. Ist der Kern fertig und saubergeputzt, legt man ein Plastiktuch oder gewachstes Papier über ihn, um zu verhindern, daß der Leim durchdringt und sich zwischen Kern und Außenhaut legt, wodurch alles zusammengeleimt würde.
Die erste Lage Furnier legt man diagonal über den Kern und befestigt ihn mit Heftklammern. Arbeitserleichternd ist dabei eine Heftpistole, die immer den gleichen Druck garantiert. Ein Zuschneiden des Furniers in anderer Form als in parallele Streifen kann im Achterschiff, abhängig von der Form des Bootes, nötig werden. Wenn die zweite Lage aufgeleimt werden soll, zieht man an der Stelle die Klammern heraus, wo dieser Streifen liegen soll. Die Klammern setzt man relativ dicht, um den erforderlichen Leimdruck zu erreichen. Die beiden Furnierschichten werden diagonal über Kreuz gelegt. Um die Klammern leichter herausziehen zu können, legt man ein kleines Pappstück darunter; dadurch schont man das Furnier und gibt dem Leimdruck gleichzeitig eine größere Fläche. Bei größeren Booten muß man mehrere Schichten aufbringen. Die Arbeitsweise ist immer die gleiche, man zieht die Klammern heraus und legt dann die nächste Schicht auf. Auf diese Weise kann man die erforderliche Plankendicke erhalten.
Nur bei der äußeren Lage des Furniers kann diese Methode einige Schwierigkeiten machen, wenn man einen wirklich schönen Rumpf erhalten will: soll das Boot lackiert werden, müssen die kleinen Klammerlöcher mit Spachtel in Holzfarbe gefüllt werden. Es wird oft einen Farbunterschied geben, so daß es manchmal besser ist, das Boot zu malen.

Rümpfe aus glasfaserverstärktem Kunstharz

Boote aus glasfaserverstärktem Kunstharz zu bauen, scheint jetzt nicht mehr auf große Schwierigkeiten für Amateure zu stoßen. Schwierigkeiten liegen oft in der Beschaffung eines geeigneten Raumes und in der Herstellung der Form bzw. des Kerns. Ein Glasfiberlaminat besteht zur Hälfte aus Glasfasern und zur anderen Hälfte aus Polyester. Da das Harz nur eine niedrige Festigkeit, Glas aber eine hohe hat, gilt es den Glasfiber-

anteil so hoch wie möglich zu machen. Außerdem wächst die Elastizität mit höherem Glasgehalt.
Die Form wird meistens auch aus Glasfaser über einem Kern hergestellt, den man auf die gleiche Weise baut, wie wir sie in den vorigen Kapiteln beschrieben haben. Es ist wichtig, daß der Kern stark und stabil ist, damit er sich nicht verformt oder platzt, wenn das Formgießen beginnt. Da man ja keine Rücksicht auf das Gewicht zu nehmen hat, soll man wirklich stark bauen, da große Kräfte auftreten, wenn die Form beim Härten schrumpft. Wenn der Kern seine richtige Form hat, spritzlackiert man ihn einige Male und schleift sorgfältig dazwischen. Um die beste Fläche zu erhalten, schleift man ihn zuletzt mit wasserfestem Schmirgelpapier Nr. 300. Alle Arbeit, die man hier hineinsteckt, um eine schöne, glatte Fläche zu erhalten, spart man nachher bei der Form. Damit die Form und später das Boot den höchsten Finish erhalten, wachst man den Kern mit einem speziellen Formwachsmittel oder mit silikonfreiem Autowachs vier- bis fünfmal. Um das Trennmittel so gleichmäßig wie möglich aufzubringen, trägt man es mit einem feinporigen Schwamm auf, der bei Beginn der Arbeit trocken sein soll. Darauf muß es einige Stunden trocknen. Da es wasserlöslich ist, darf man es nicht mit den Händen berühren. Die erste Harzschicht, das sogenannte Gelcoat, wird meistens aufgespritzt. Um Fehler in der Form leichter zu sehen, empfiehlt es sich, schwarzen Harz zu verwenden. Für die Form verwendet man einen Spezialharz, der gegen die Temperaturerhöhung beim Härten unempfindlich ist. Damit sie sich nicht verformt, muß die Form auf dem Kern liegen bleiben, bis alles richtig durchgehärtet ist. Ist die Form fertig, hebt man sie vom Kern, wäscht sie innen, schleift sie mit Wasserschleifpapier 600 und bearbeitet sie mit „Rubber". Als letztes wachst man sie mit 10 bis 12 Schichten Wachs, ehe man den ersten Rumpf davon gießen kann.
Für die Einzelanfertigung von Booten kann es sich lohnen, eine Form z. B. von Hartfaserplatten zu bauen, wobei man jedoch auf einfach gekrümmte Flächen angewiesen ist. Man baut natürlich mit der guten Seite nach innen. Zuerst stellt man Mallen von 1 x 4″ Ausschußholz her, stellt sie auf und fixiert sie gut. Darauf legt man Kiel, Weger und Stringer hinein und dann kann die negative Beplankung an die Reihe kommen.

Diese macht man am besten aus gehärteten Hartfaserplatten, die in der Form des Bootes ausgeschnitten und auf den Leisten festgenagelt werden. Den Steven kann man leicht zusammenklemmen und von außen verharzen. Ist die Form fertig, wird sie mit Hartlack gemalt und zum gewünschten Finish geschliffen. Jetzt kann man in der Hartfaserform genau so arbeiten wie in einer Kunstharzform.
Zuerst legt man den Gelcoat als äußere Schicht auf, am besten mit einer Spritze. Diese Farbschicht soll ca. 0,5 mm dick sein und ca. 3 bis 4 Stunden trocknen, d. h. solange, bis sie sich gerade noch etwas klebrig anfühlt, wenn man die Hand darauflegt. Das Auftragen der nächsten Schicht darf nicht zu schnell erfolgen, da sie sonst den Polyester aus der Farbschicht zieht und die ganze Außenhaut verderben kann. Es entsteht die von allen Kunstharzverarbeitern gefürchtete „Elefantenhaut".
Die Glasfasermatten schneidet man zu, ehe man sie in die Form legt, um Arbeit und Verschnitt zu vermeiden. Man macht jedesmal 1—2 kg Harz, abhängig von der Härtezeit und der Kapazität. Zwischen jedem Mischen wäscht man das Werkzeug mit Aceton aus, um Unsauberkeiten in den Schichten zu vermeiden. Einen hohen Glasgehalt erhält man, wenn alle Schichten dicht hintereinander aufgelegt werden. Es ist wichtig, die Härtezeit so abzupassen, daß die unterliegende Schicht noch nicht durchgehärtet ist. Das spart Harz, damit Gewicht und vergrößert außerdem die Stärke und Festigkeit des Laminates.
Verstärkungen sollen erst eingebaut werden, wenn der Bootskörper ausgehärtet ist, da er schrumpfende Eigenschaften hat, und die Versteifungen sich dadurch nach außen durchdrücken. Dieses gilt auch für die Einrichtungen, die nicht in den Rumpf gepreßt werden dürfen.

Rümpfe aus vorgefertigten Kunststoffplatten

In der gleichen Weise, wie man „Tornado" und „Manta" baut, kann man Rümpfe aus vorgefertigten Platten aus Glasfaser und Kunstharz bauen. Man braucht dazu eine ebene Platte, etwas länger als das Boot, die man wie eine Form bearbeitet. Besseres Material wäre aber Glas oder Aluminiumblech, das auf einer ebenen Fläche ausgelegt wird. Darauf arbeitet man genau wie bei der Herstellung eines normalen Rumpfes und beginnt also mit dem Auflegen des Gelcoats, der härten muß, ehe man die anderen Schichten des Laminats auflegen kann. Es ist wichtig, daß jetzt nicht alle Schichten der gewünschten Außenhautdicke aufgelegt werden. Wenn dieser äußere Teil der Außenhaut ausgehärtet ist, nimmt man ihn von der Platte und putzt ihn zu den richtigen Außenmaßen. Anstatt Löcher zu bohren und die beiden Hälften mit Draht zusammenzunähen, setzt man sie mit Klebeband zusammen. Bei kleinen Booten, wo es schwer sein kann, sie von innen zu fixieren, legt man das Deck so auf, wie es beim Tornado beschrieben wurde. Man setzt also Balkweger und Decksbalken ein und legt dann das Sperrholzdeck auf. Bei größeren Booten empfiehlt es sich, die Platten in eine negative Form zu legen. Man muß jedoch am Kiel und in den Kimmstringern zwei Leisten mit einem kleinen Abstand voneinander anbringen, damit man mit Klebeband von außen herankommt. Man verwendet es hier nur, um zu vermeiden, daß der Harz durch die Naht läuft und sich auf die fertige Außenhaut legt. Hat man so die äußeren Schichten zusammengefügt, verstärkt man die Außenhaut mit weiteren Schichten auf der Innenseite bis zur gewünschten Dicke.

Große Boote baut man mit Vorteil als Sandwichlaminat. Man legt dabei die ganze Außenschicht auf die ebene Form, drückt das Sandwichmaterial auf das frische Außenlaminat und belastet es mit Gewichten. Wenn man die Rumpfteile zu ihrer richtigen Form putzt, kratzt man eine Zone um die ganze Platte frei vom Sandwichmaterial. Es ist wichtig, daß man das Distanzmaterial in einem Winkel 1:3 anschlägt, damit man einen gleichmäßigen Übergang zwischen Sandwich und dem massiven Material erhält.

Wenn die verschiedenen Rumpfteile in ihre negative Form gelegt sind, fügt man sie in den Nähten mit Glas und Harz zusammen, worauf der innere Teil des Laminates aufgelegt wird. Die oben beschriebene Methode gibt schöne Rümpfe ohne allzu hohe Formkosten. Die Ausformung ist natürlich begrenzt, was aber kein Nachteil zu sein braucht, wenn der Linienriß sinnvoll ausgeformt ist. Auch die Brücke, das Deck und die Aufbauten kann man auf diese Weise bauen, wodurch man ein leichtes

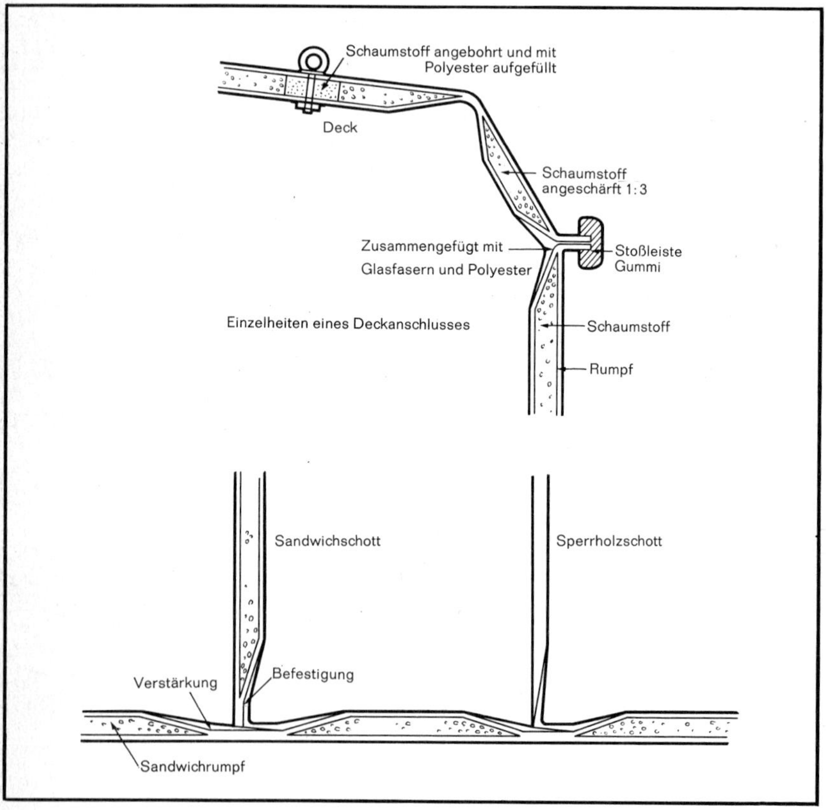

und starkes Boot erhält, das außerdem noch gut wärme- und geräuschisoliert ist.

Einzelheiten für Boote aus glasfaserverstärktem Kunststoff

Da ein Kunstharzlaminat relativ elastisch und empfindlich für Punktbelastungen ist, müssen im Rumpf Verstärkungen angebracht werden. Die

Rüsteisen befestigt man am einfachsten durch Festnieten an einem Schott. Sie können z. B. aus Flacheisen, das man Y-förmig schweißt, hergestellt sein. Durch Bohrlöcher zieht man Glasfaserstränge, die im Schottmaterial festgeklebt werden. Danach wird die ganze Konstruktion mit Gewebe und Harz verstärkt, so daß sich der Zug auf eine große Fläche verteilt. Gegen Leckagen im Deck wendet man Thioflex oder ähnliche Gummimaterialien an. Der Anschluß von Sperrholzplatten geschieht am einfachsten durch Anschrägen der Platte, wonach sie von einer Seite am Rumpf festgeplastet wird. Der Rumpf sollte schon vorher an dieser Stelle verstärkt sein.

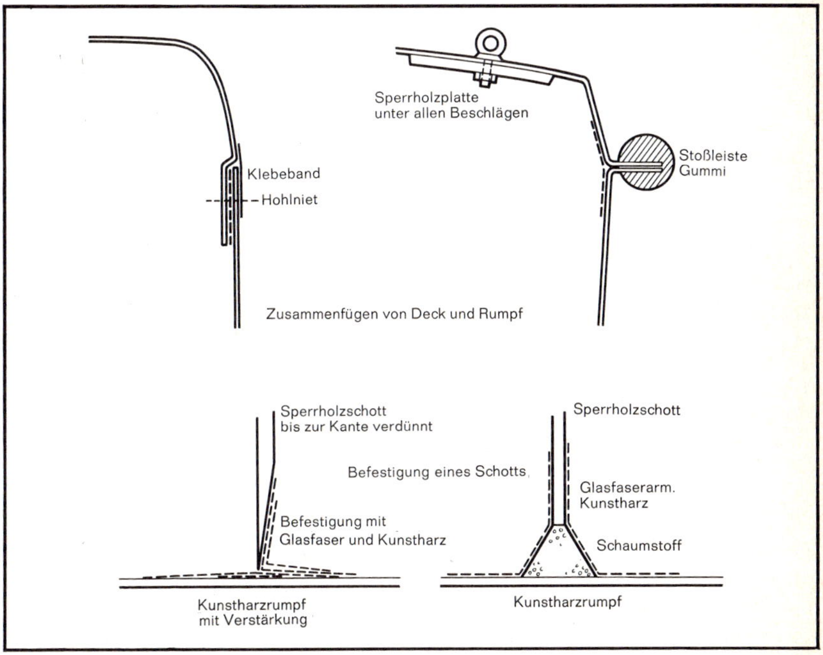

Beim Sandwichlaminat muß das weiche Material an Stellen mit Punktbelastung, z. B. am Mast oder bei Beschlägen, entfernt und durch etwas härteres ersetzt werden. Einfache Beschläge können wie folgt befestigt werden: Man bohrt ein Loch in das Laminat, entfernt das Distanzmaterial und ersetzt es durch Harz. Damit wird ein Zusammenziehen der beiden Schichten vermieden. Im Prinzip soll sich das Distanzmaterial nur an offenen Flächen und nicht bei Beschlägen und Schotten befinden. Unter Beschläge bei Booten aus massivem Material muß man unten große Unterlegscheiben aus Sperrholz anbringen, um die Punktlasten auf eine größere Fläche zu verteilen.
Das Zusammenfügen von Deck und Beplankung kann man bei kleinen Booten wie bei einer Schachtel mit Deckel machen, während man bei großen schon eine gewisse Toleranz haben muß, da durch das Härten des Harzes Differenzen in der Länge und Breite entstehen können.
Für Versteifungen in Rümpfen von Einfachlaminat nimmt man am einfachsten Kunststoffrohre. Sie müssen beim Einpassen eventuell angewärmt werden. Dann heftet man sie fest und legt 2—3 Latten darüber. Die Rohre legt man so, daß sie gleichzeitig als Auflage für Bodenbretter, Kojen und andere Einrichtungen dienen können.

Rümpfe aus Aluminium

Da ein Metallboot sehr empfindlich für Punktbelastung ist, kann man nur verhältnismäßig große Boote aus z. B. Aluminium bauen. Die Grenze liegt bei ca. 14 m, und auch das nur dann, wenn das Boot einen Hausbootcharakter haben soll, d. h., wenn es nicht ein reines Regattaboot, wo andere Materialien sich lohnen, sein soll. Der dimensionierende Faktor ist hier der Elastizitätsmodul des Aluminiums und daß es aus praktischen Gründen nicht geht, mit allzu dünnen Blechen zu arbeiten.
Für genietete und geleimte Rümpfe kann man die ganz harte Qualität wählen. Soll das Boot geschweißt werden, ist das halbharte Blech zu empfehlen, um die Bildung von Rissen mit nachfolgender Leckage zu vermeiden. Das Material muß seewasserbeständig sein. Um den Rumpf nicht allzu teuer zu machen, kann man gezwungen sein, ihn mit einfacher

Biegung der Beplankung zu bauen, d. h., es entsteht ein Boot mit Sperrholzcharakter.
Da ein Mehrrumpfboot ebene Flächen über einen größeren Teil des Rumpfes hat, kann eine Deformation durch das Aufwärmen beim Schweißen Schwierigkeiten machen. Außerdem setzt die Schweißfuge bei Aluminium die Festigkeit herab, was man verhindern kann, wenn man sie an weniger belastete Stellen des Rumpfes legt.
Für einen Amateurbootsbauer sollte es einfacher sein, mit Epoxyharz zu leimen und, um den notwendigen Leimdruck zu erhalten, mit Hohlnieten zu arbeiten. Bei Leimen gibt es außerdem keine Spannungen und auch keine Schwächung wie beim Schweißen. Epoxyleim ist ein Zweikomponentenleim, der bei Zimmertemperatur härtet. Es ist sehr wichtig, daß die Leimflächen, die gegeneinander liegen, gut gesäubert und von Oxydschichten befreit sind. Sie müssen aufgerauht werden, damit der Leim wirklich festsitzt und außerdem muß man darauf achten, daß die Schicht eine gleichmäßige Dicke von ca. 0,1 mm hat.
Ebenso wie bei einem Sperrholzboot baut man auf längsgehende Stringer, Kiel und Balkweger.
Das größte Problem bei einem Aluminiumbau ist die elektrolytische Korrosion. Das Aluminium muß gegen alle anderen Metalle isoliert werden, z. B. bei Beschlägen, Propellerachsen usw. Dieses geschieht gewöhnlich mit einer Schicht von Synthetgummi, Epoxyharz oder Zinkkromat-Primer. Am einfachsten ist jedoch, wenn man Legierungen verwendet, die in der elektrolytischen Spannungsreihe nahe dem Aluminium liegen. Das wäre z. B. rostfreier Stahl. Man kann auch Beschläge aus irgendwelchen Kunstmaterialien wie Tufnol oder Nylon wählen.
Beim Malen muß das Blech erst mit grobem Sandpapier aufgerauht und mit Xylol gewaschen werden, damit die Farbe einen guten Haftgrund erhält. Darauf folgt eine Kromatierungsbehandlung und eine Schicht Zinkkromat-Primer auf Epoxybasis, ehe man die endgültige Farbschicht auflegt. Unter Wasser wendet man eine Anwuchs verhindernde Farbe auf organischer Basis an. Kupferfarben muß man vermeiden, da sie bei Schäden das Aluminiumblech durch Elektrolyse zerstören können. Masten, Beschläge, Dekorationsleisten und andere ungemalte Flächen kann

man eloxieren lassen, was einen wirklichen Schutz gegen äußere Einflüsse gibt.

Rümpfe aus Stahl

Bei Bauten von mindestens 18 m Länge kann ein Stahlboot auch ökonomisch motiviert sein. Die Materialkosten liegen bei 20 % eines Kunststoffbootes einschließlich Außenbehandlung. Doch darf man ebenso wie bei Aluminiumbooten nicht mit zu dünnen Blechen arbeiten. Bei sehr großen Booten kann man, um Gewicht zu sparen, Schiffsbaustahl verwenden. Die Blechstärke liegt dann gewöhnlich bei 10 % einer Holzbeplankung.
Da Stahlrümpfe meistens geschweißt werden, ergibt die Aufwärmung dabei jedenfalls für den Amateurbootsbauer große Probleme. Dagegen erhält man keine Schwächung durch die Schweißnaht.
Die Isolierung gegen Korrosion (Rost) ist natürlich noch problematischer als beim Aluminium. Das Malen muß also noch sorgfältiger ausgeführt werden, ebenso die Isolierung gegen andere Metalle.

Die Herstellung von Masten

Da ein Mehrrumpfboot nicht wie ein Kielboot krängt, d.h. dem einfallenden Wind nicht ausweicht, sind Mast und Beschläge weitaus größeren Beanspruchungen ausgesetzt. Der Mast muß ungefähr 50 % stärker als der entsprechende auf einem Kielboot gemacht werden. Das gleiche gilt natürlich auch für alle Beschläge und Unterlagen.

Da Birkensperrholz im Verhältnis zu seinem Gewicht das stärkste Material ist, baut man Profilmasten meistens daraus. Birke ist nicht so wetterfest wie andere Holzarten, deswegen muß die Außenbehandlung besonders sorgfältig sein. Außerdem gibt es kein Birkensperrholz mit der höchsten Leimqualität.

Der Bau eines Profilmastes erinnert in vielem an den Bau eines Segelflugzeugflügels. Am einfachsten baut man ihn mit einem Hauptholm und Spanten aus Kunststoff. Der Hauptholm aus Sperrholz kann Löcher haben, die ihn leichter werden lassen. Die Spanten muß man eventuell mit dünnem Sperrholz oder Furnier auf jeder Seite verstärken. Die Nase und die Achterkante sind gewöhnlich Leisten.

Ehe die Bekleidung aus Sperrholz aufgebracht wird, müssen Kunststoffrohre für die Fallen und Verstärkungen für die Beschläge angebracht werden. Um den erforderlichen Leimdruck zu erreichen, wendet man wie im Flugzeugbau Gewichte oder Sandsäcke an. Schrauben oder Nägel sind zu vermeiden, eventuell kann man mit Heftklammern, die man nach dem Abbinden wieder entfernt, arbeiten. In die Achterkante leimt oder schraubt man eine Aluminiumschiene für das Segel.

Profilmasten kann man auch spantlos, auf die gleiche Art wie beim „Tornado“ auf Seite 74 beschrieben, herstellen. Eine Schwierigkeit liegt allerdings in der richtigen Formgebung für den Mast. Der Wirkungsgrad

des Segels ist sehr von der richtigen Form des Mastes abhängig, da er ja der Nase eines aerodynamischen Profiles entspricht.
Beschläge für Wanten und Stage sollen mit Schrauben mit halbrundem Kopf befestigt werden, da Versenkschrauben sich leichter aus dem Holz ziehen.
Die meisten Boote versieht man ja heutzutage mit Aluminiummasten aus gezogenem Profil, die in vielen Ausführungen und Größen im Handel sind. Meistens sind sie eloxiert, so daß eine andere Außenbehandlung überflüssig wird.
Rostfreie Beschläge und andere Befestigungen können am einfachsten

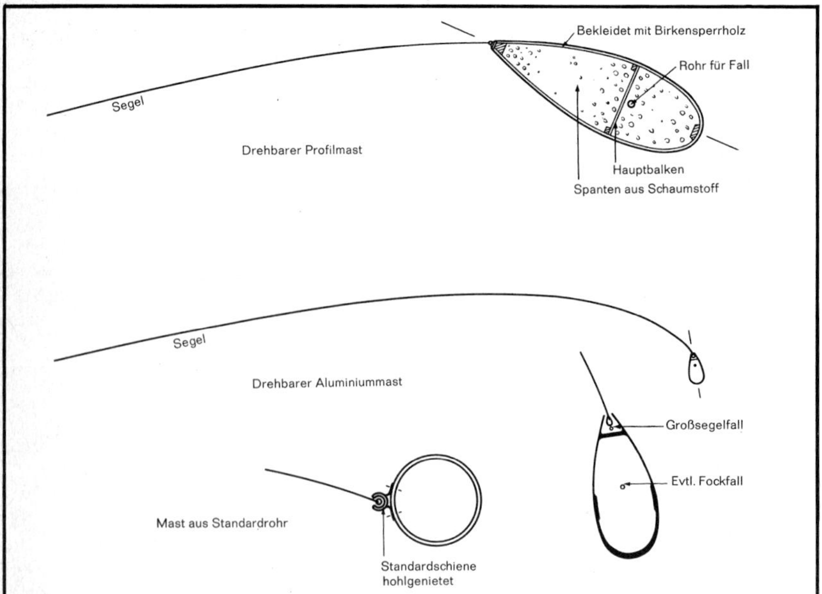

Masten für Mehrrumpfboote. Die drehbaren Masten sind zu empfehlen, da sie nicht den Luftstrom über das Segel stören.

mit Hohlnieten an einem Aluminiummast festgesetzt werden. Einen drehbaren Aluminiummast stagt man mit einem Vorstag und Wanten ab, die in demselben Punkt an der Vorderkante des Mastes angreifen. Außerdem kann man den Mast noch mit einer Trapezverstagung, kombiniert mit einem Geigenstag, das die Biegung des Mastes kontrolliert, verstärken.

Wegen des starken Luftwiderstandes einer zu vollkommenen Verstagung ist es besser, auf sie zu verzichten und lieber ein kräftigeres Mastprofil zu wählen. Aus demselben Grunde sollten alle Falls im Mast laufen. Bei einfachen, kleinen Booten kann man hartgezogenes Aluminiumrohr verwenden. Auf dieses leimt und nietet man eine Mastschiene aus Aluminium.

Rutscher aus Nylon oder ein Segel mit einem Liek für eine Mastnut müssen angewendet werden. Da Aluminium einen großen Reibungskoeffizienten hat, sind Rutscher von Metall zu vermeiden.

Herstellung von Schwert und Ruder

Für einfache Boote kann man Schwert und Ruder aus Sperrholz herstellen. Für ein derartiges Schwert leimt man drei Platten Sperrholz zusammen und hobelt und schleift dann das gewünschte Profil. Sollen alle Furnierschichten tragend wirken, leimt man die einzelnen Platten diagonal zueinander. Um das Gewicht herabzusetzen, kann man es auch hohl bauen, wobei man darauf achten muß, daß der Teil, der im Boot bzw. im Ruderkopf sitzt, wegen der großen Beanspruchung voll sein muß. Um das Sperrholz gegen eindringendes Wasser zu schützen, überzieht man es mit Glasfibergewebe und Polyester, worauf man es zum höchsten Finish poliert. Dieses gilt besonders für die Vorderkante des Profiles.

Rund um die Beschläge soll man alles mit Synthetgummi schützen, um jeden Wasserangriff zu vermeiden. Große Schwerter kann man mit einer Fußbodenschleifmaschine bearbeiten, während man die kleinen hobelt und schleift. Für Rennkatamarane stellt man die Schwerter oft aus zurechtgesägtem Agba her. Agba ist ein sehr leichtes aber zähes Holz mit einem spezifischen Gewicht von 0,46. Dieses wird aus Stäben zu einer Platte zusammengeleimt und nach der Zeichnung bearbeitet. Auch ein Schwert aus massivem Holz sollte an den empfindlichsten Stellen, wie Vorder- und Unterkante, die bei Grundberührungen leicht beschädigt werden, mit Kunstharz und Glasfiber geschützt werden.

Schwerter aus Aluminium können auf kleinen Booten angewendet werden. Um teure Formarbeit zu sparen, rundet man sie an der Vorderkante ab, während man sie achtern zuspitzt. Da es schwer ist, bei einem Metallschwert bei höheren Geschwindigkeiten Schwingungen zu vermeiden, entsteht oft ein kräftiger Brummton im Boot. Diese Schwingungen kön-

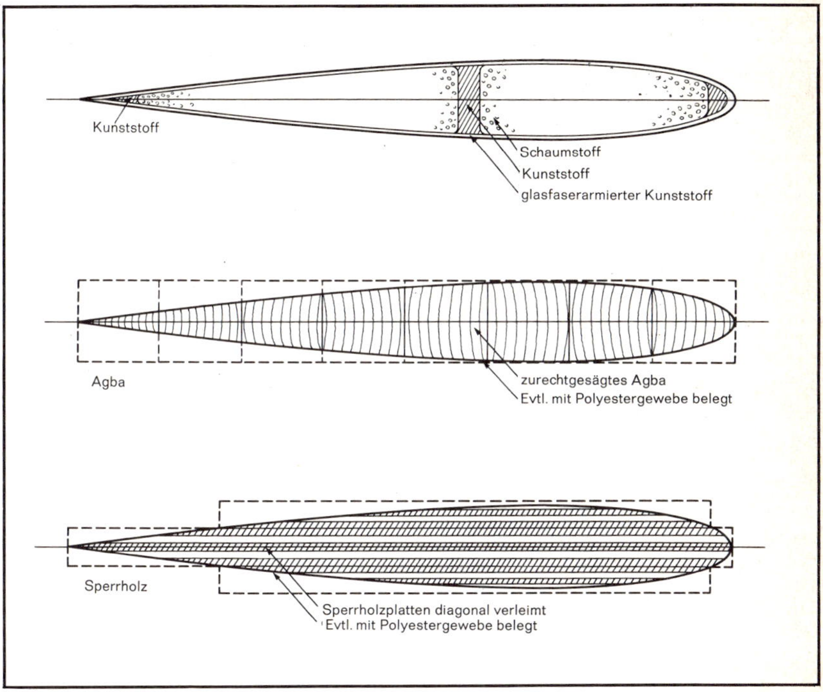

Bau von Schwert und Ruder.

nen Schäden an Schwert und Schwertkasten verursachen. Um dieses zu vermeiden, müssen sie mit großer Sorgfalt profiliert werden. Aluminiumschwerter kann man auch hohl anfertigen, wobei die Hohlräume mit Schaumstoff gefüllt werden. Auch hohle Schwerter aus glasverstärktem Kunstharz sind hergestellt worden.

Für kleine Boote wie die der A-Klasse gibt es industriell hergestellte billige Ruder aus Aluminium. Da das Schwert eines der am meisten belasteten Stellen eines Bootes ist, muß der Schwertkasten so stark wie möglich gemacht werden, ohne dabei ein Übergewicht zu erhalten.

Die Verstärkungen sollen hauptsächlich im Anschluß zum Boden und zum Deck liegen, während der Kasten selbst leicht gemacht werden kann. Bei Steckschwertern muß die Hinterkante des Schwertkastens besonders verstärkt werden, um Brüche bei Grundberührungen zu vermeiden.
Den Ruderkopf stellt man am besten aus zwei Sperrholzplatten her, die auf jeder Seite des Ruderblattes sitzen, oder aus zwei Aluminiumblechen mit einer Zwischenlage aus Sperrholz. Um die Beanspruchungen des Ruderkopfes zu verringern, muß der Abstand zwischen den Aufhängebeschlägen so groß wie möglich sein. Am besten sitzt der untere Beschlag in der Wasserlinie und der obere oben unterhalb des Decks. Um eine weitere Schwächung zu vermeiden, sollte man sie nicht im Sperrholz versenken.

Segeltechnik

Im Prinzip unterscheidet sich die Segeltechnik mit Katamaranen nicht von der mit schnellen Jollen. Der Geschwindigkeitsunterschied zwischen einem gut und einem schlecht gesegelten Mehrrumpfboot kann ganz erheblich sein, aber eine kleine Änderung im Trimm hat oft eine größere Wirkung, als man es von Jollen und Kielbooten gewohnt ist. Wegen des niedrigen Gewichtes ist die Beschleunigung sehr groß; ein Rennkatamaran kann nach drei bis vier Bootslängen in voller Fahrt sein. Dieses ergibt, daß man sehr schnell mit der Schot arbeiten muß, um das Segel nach dem scheinbaren Wind einzustellen. Bei einer gewöhnlichen Regatta ist die Kreuz der am meisten ausschlaggebende Kurs. Bei leichtem Wind kann auch die Vorwindstrecke sehr wichtig sein, da man dann lieber vor dem Wind kreuzt. Beim Jollensegeln vermittelt die Krängung des Bootes oft ein Urteil darüber, wie gut oder schlecht ein Boot getrimmt ist bzw. wie stark es bläst. Bei einem Katamaran hat man diese Möglichkeit nicht. Es ist daher äußerst wichtig zu lernen, wie das Boot bei Windänderungen reagiert, und ein guter Windindikator, nach dem man sich auch wirklich richtet, ist von großer Wichtigkeit. Um ein Boot richtig kennenzulernen, muß man schon ein bißchen probieren, damit man sieht, was bei den aufkommenden Situationen passiert. Das soll man natürlich nicht in einer Regatta machen, sondern bei den Trimmfahrten.

Das Segelsetzen

Einen normalen Aluminiummast kann man leicht mit dem Vorstag und mit Hilfe eines Kameraden, der darauf achtet, daß der Mast nicht seitwärts ausschert, aufrichten. Man muß nur darauf achten, daß Stage und

Wanten richtig am Mast festsitzen und daß alles klar liegt und nirgends hinterhakt.

Ein schwerer Profilmast kann erheblich mehr Arbeit machen. Mit Hilfe von Großbaum oder einer speziellen Jütt, Großschot, Fall und Wanten, die im Hauptbalken gesichert sind, kann man auch diese Arbeit mit zwei Mann ausführen. Den Mast legt man, da er meistens mit einer Kugel und einer Pfanne ausgerüstet ist, nach vorn über das Vorschiff. Den Großbaum setzt man auf seinen gewöhnlichen Platz und sichert ihn so gegen den Mast, daß er nicht seitwärts wegkippen kann. Die Großschot wird an ihrem Beschlag und das Großfall an der Baumnock angeschlagen, dann kann man anfangen zu hieven. Man achte darauf, daß das Großfall stark genug ist, was nicht der Fall zu sein braucht, wenn der Mast mit einem Fallentlaster ausgerüstet ist. Wenn der Profilmast eine große Fläche hat, muß man auch Rücksicht auf den Wind nehmen, damit das Boot nicht schon an Land kentert. Ist der Mast gesetzt, die Wanten an ihren Rüsteisen angeschlagen, können Schot und Trimmvorrichtungen angebracht werden. Kontrolliere mehrmals, ob alles an seinem Platz sitzt und zur Zufriedenheit funktioniert.

Wenn möglich, soll man die Segel am Strand setzen, wo es gewöhnlich ruhiger ist und das Boot nicht treiben oder segeln kann. Sollte es nicht möglich sein, alle Segel zu setzen, kann man nur mit der Fock oder dem kahlen Profilmast segeln, bis man in freies Wasser kommt. Ist alles klar, schiebt man das Boot heraus, so daß man Schwert und Ruder wegfieren kann. Dabei muß man zusehen, daß es nicht auf den Grund stößt oder man wieder an Land treibt. Und man muß beachten, daß ein Katamaran schnell beschleunigt, besonders wenn der Platz eng ist und man sich frei von anderen Booten halten muß. Ist man in freiem Wasser oder liegt man an einer Boje, gilt es nur noch das Großsegel zu heißen. Ist auch das klar, verstaut man alles Unnötige und dann braucht man nur noch abzufallen und die erste Fahrt kann beginnen.

Hat man eine kleine Besatzung auf einem großen Boot, ist es am einfachsten, wenn das Boot zum Aufriggen und Segelsetzen an der Boje liegt. Dann braucht man nur die Fock back zu halten, um in Gang zu kommen. Liegt man in einem engen Hafen, darf man nicht die große

Das Setzen eines Profilmastes auf einem C-Katamaran mit Hilfe von Baum und Großschot.

Das Aufsetzen kann beginnen. Beachte die Seitwärtssicherung zum Hauptbalken.

Ist der Mast gesetzt, werden Wanten und Stage angebracht, worauf man das Großfall von der Baumnock abschlagen kann.

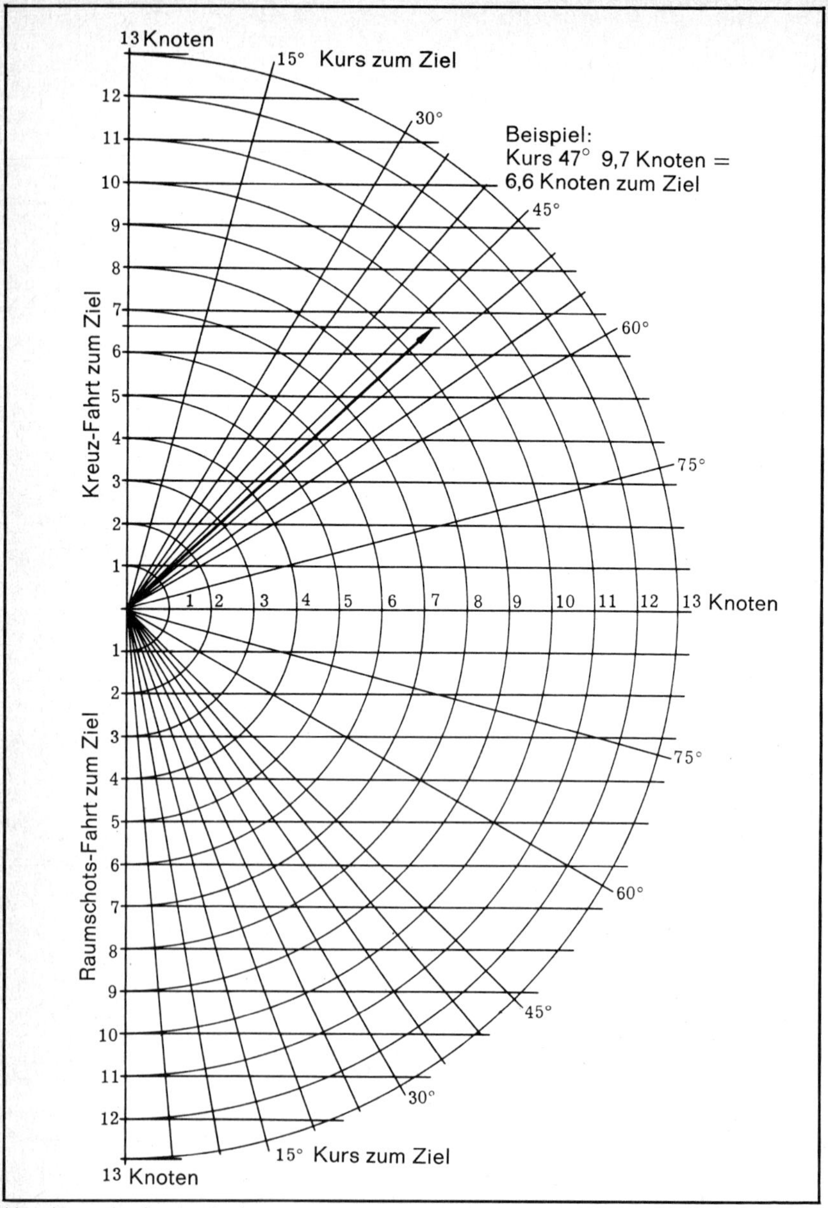

Hier kann der Leser die Leistungen seines eigenen Bootes eintragen.

Breite und die Beschleunigung der Mehrrumpfboote vergessen. Motorbootler unterschätzen oft die Fahrt eines solchen Bootes und glauben noch vor dem Steven vorbeizukommen.

Kreuz, hoch am Wind

Auf Seite 51 sind drei verschiedene Fahrtkurven gezeichnet, die für einen wahren Wind von 6 m/sec. gelten. Von den Booten ist A ein sehr gutes Kielboot, B ein größerer Kreuzerkatamaran und C ein C-Klassenkatamaran. Hier sieht man, daß auf einem Kreuzkurs das Kielboot am schnellsten zum Ziel kommt, wenn es 40° am Winde segelt, während der C-Katamaran 45° segeln muß. Die Boote laufen dabei 4,6 bzw. 8,8 Knoten. Wenn der C-Katamaran ebenso hoch an den Wind geht wie das Kielboot, hätte er nur ein Fahrt von 8 Knoten gemacht, also wäre dieses eine Verschlechterung von 10 %. Der Kreuzerkatamaran muß ca. 50° am Wind liegen, um am schnellsten zum Ziel zu kommen. Der scheinbare Wind ist im obenstehenden Fall für den C-Katamaran 11,2 m/sec. und für das Kielboot 8,5 m/sec. Der häufigste Fehler, der von Anfängern auf einem Mehrrumpfboot gemacht wird, ist, daß sie zu hoch an den Wind gehen. In leichtem Wetter lohnt es sich vielleicht, nicht zu weit abzufallen, um dadurch eine höhere Fahrt zu erhalten. Um sein Boot besser kennenzulernen, sollte sich jeder Eigner Kurven für die verschiedenen Windgeschwindigkeiten zeichnen. Lange Erfahrungen und geschickte Beurteilung kann technische Untersuchungen dieser Art ersetzen.
Um die beste Fahrt mit einem Katamaran zu erzielen, sollte er stets mit dem Luvrumpf in der Luft segeln, damit die benetzte Fläche so klein wie möglich gehalten wird. Gewöhnlich sieht das schlimmer aus, als es in Wirklichkeit ist, aber beim Regattasegeln ist es eine absolute Notwendigkeit. Ein Kreuzerkatamaran soll jedoch nicht so segeln, obwohl im Seegang auch bei einem schweren Boot der Luvrumpf sich oft abhebt. Zeigen sich bei einem Kreuzer Tendenzen dieser Art, soll man reffen oder seine Aufmerksamkeit erheblich schärfen. Hebt der Luvrumpf zu hoch an, soll man lieber die Schot etwas auffieren. Wenn das nicht reicht, soll

Ein YW bei einer Regatta auf dem Baggensfjärden. Durch eine kleinere Torsion im Großsegel hätte man gewiß eine höhere Fahrt erhalten. Dies erreicht man, wenn man den Schotwagen mehr nach Lee fiert und die Großschot dichter holt.

Durch Geschicklichkeit an Ruder und Schot kann man auch solche Situationen ausreiten. In leichterem Wetter kann man lange Strecken so segeln, wobei die Fahrt aber nicht allzu groß wird. Ein Rennkatamaran soll immer auf einem Rumpf gesegelt werden, wenn es möglich ist, wobei der Luvrumpf aber dicht über der Wasserfläche liegen soll.

man vorsichtig anluven, doch nie so hart, wie man es vielleicht von einem Kielboot gewohnt ist, da ein Katamaran durch die dabei auftretende Zentrifugalkraft leicht kentern oder unterschneiden kann. Das Anluven muß vorsichtig ausgeführt werden und nie bis ganz in den Wind, weil es dann schnell die Fahrt verliert und achteraus zu treiben beginnt. Beim Nachtsegeln auf See ist das Risiko, daß man zu weit abfällt und mit zu dicht geholten Segeln segelt, sehr groß. Hier ist ein Windindikator mit Beleuchtung von großem Wert.

Auf den meisten Regattabooten hängt der Vorschotmann in einem Trapez, um der Krängung entgegenzuwirken. Er muß dafür sorgen, daß sich der Luvrumpf präzis aus dem Wasser hebt. Damit sein Schwerpunkt so weit wie möglich nach außen kommt, muß das Trapez mit einer Talje versehen sein, so daß er die Länge justieren kann und immer horizontal hängt, wie weit das Boot auch krängt. Außerdem soll er sich auch in der Längsrichtung bewegen können, damit er Tauchtendenzen entgegenarbeiten kann. Der Platz des Vorschotmanns wirkt auch auf den Lateralschwerpunkt ein. Befindet er sich zu weit vorn, riskiert man, daß man den größeren Teil des Lateralplans im Vorschiff hat und ihn mit einem Ruderausschlag, der ja Widerstand bedeutet, ausgleichen muß. In leichtem Wetter sind meistens beide Schwerter herabgelassen. Abhängig von Segeltrimm, Bootstyp usw. wird das Leeschwert bei härterem Wind aufgeholt. Bei Kreuzerkatamaranen sollte man stets das Leeschwert aufholen, während das Luvschwert ganz weggefiert wird. Hebt das Boot an, vermindert es seinen Lateralwiderstand und kann nicht über sein Schwert kentern, sondern gleitet seitwärts. Diese Methode erfordert jedoch eine sehr starke Ausführung der Schwerter, da große Kräfte an der Spitze auftreten.

Das Wenden

Für das Wenden braucht ein leichtes Mehrrumpfboot eine hohe Fahrt, da es nur eine geringe lebende Kraft hat. Am einfachsten ist es, vor dem Wenden etwas abzufallen, wobei es wichtig ist, daß man auch genügend Platz hat. Bei Regatten muß man daran denken, daß die hinter einem liegenden Boote, die mit großer Fahrt hoch am Wind segeln, schnell heran sind, während man selbst noch mit dem Wendemanöver beschäftigt ist. Außerdem kann man ohne Fahrt auf unfreiem Bug liegen, und das ist in einer Regatta ja nicht erstrebenswert. Sind alle Vorbereitungen für das Wenden getroffen, holt man die Schot an und gibt zunächst langsam, mit zunehmender Fahrtminderung stärker Ruder. Man läßt das Großsegel übergehen, während man die Fock noch einen Augenblick back stehen läßt. Hierbei muß die Großschot lose sein. Jetzt fällt das Boot ab, man nimmt die Fock über und holt erst die Fockschot, danach die Großschot dicht. Im Anfang muß man darauf achten, daß man Platz hat, um das Manöver zu wiederholen, wenn es beim ersten Mal mißglücken sollte. Das ganze Manöver muß mit Energie und ohne Zaudern durchgeführt

werden. Bei leichtem Wind muß man nach dem Wenden durch einen Ruck im Großbaum die Latten im Segel nach Lee durchdrücken. Dadurch erhält das Boot noch einen Extraruck voraus, den man mit dem verbotenen „Pumpen" vergleichen kann.
Das Wenden an einer Regattaboje beim Abschluß der Kreuz und zu Beginn einer Raumstrecke soll wie oben beschrieben durchgeführt werden; man fällt erst ab, wenn das Boot auf dem neuen Bug beschleunigt hat.

Halbwind und Raumschots

Während ein Kielboot oder eine langsame Jolle raumschots den Wind immer achterlicher als dwars hat, haben Mehrrumpfboote den scheinbaren Wind vorlicher als dwars. Durch dieses Phänomen kann man mit einem Katamaran sehr hohe Geschwindigkeiten erreichen: bis zu 20 Knoten sind nicht ungewöhnlich. Um das zu erreichen, ist es aber wichtig, daß das Segel richtig getrimmt ist und daß sein Anstellwinkel ca. 15° zum scheinbaren Wind beträgt. Außerdem muß man eine Torsion des Segels so weit wie möglich verhindern, am einfachsten dadurch, daß man den Großschotwagen etwas von der Mitte nach Lee versetzt. Um die Höchstfahrt zu erhalten, kann man mit ihm die Anstellwinkel einstellen. Die größte Gefahr bei hohen Geschwindigkeiten ist, daß das Boot taucht. Wie ein Boot sich im Seegang bewegt, hängt von der Rumpfform und der Gewichtsverteilung ab. Je weniger hoch am Wind man segelt, umso weiter achtern muß der Mitsegler sitzen. Um das zu ermöglichen, muß das Boot mit Hand- bzw. Fußgriffen ausgerüstet sein. Der Vorschotmann soll seinen Platz so wählen, daß die Heckwelle gleichmäßig abfließt; es kann vorkommen, daß er hinter den Rudergänger gehört.
Die Schwerter müssen so eingestellt werden, daß das Boot ausbalanciert ist, da der Mitsegler nicht wie auf der Kreuz die Möglichkeit hat, auf den Lateralschwerpunkt einzuwirken. Hebt das Boot in einer Bö an, muß der Rudergänger langsam abfallen oder den Schotwagen auslassen. Beim Abfallen entstehen große Zentrifugalkräfte, die das Boot mit Hilfe des Mastgewichtes wieder aufrichten. Der Vorschotmann muß sich bei solchen

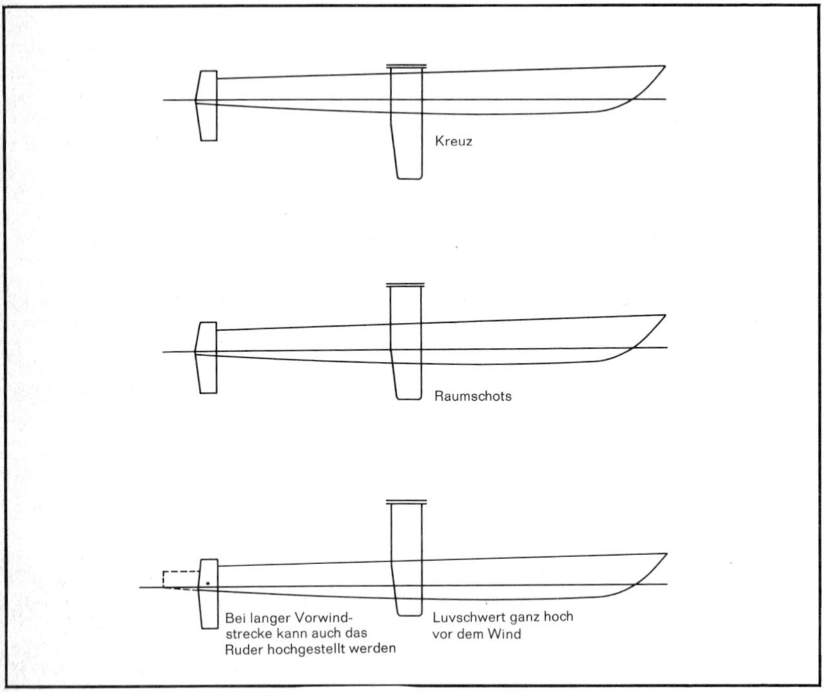

Die Größe des Schwertes soll den Kursen am Wind und der Windstärke angepaßt sein.

Manövern gut festhalten, wenn er nicht dabei nach vorn geschleudert werden will. Wenn das Boot tauchen sollte, reicht es nicht, mit dem Schotwagen zu parieren, dann muß man schon die Schot auffieren. Diese Technik ist auch für Kreuzerkatamarane wichtig.

Um höhere Fahrt bei leichtem Wind zu erhalten, kann man den scheinbaren Wind auf folgende Weise ausnutzen: Man luvt bis Halbwind oder am Wind an, dort ist das Segel nicht überzogen und holt sich den scheinbaren Wind. Wenn das Boot nun langsam beschleunigt, behält man durch Abfallen den ungestörten Wind über das ganze Segel, wodurch die Fahrt weiter ansteigt. Meistens reißt der Luftstrom nach einer Weile durch eine unvorsichtige Bewegung oder aus anderer Ursache ab, und dann muß man die ganze Prozedur wieder von vorn anfangen. Der Unterschied zwischen diesen beiden Kursen kann bis zu 30° betragen. So lange es geht, soll man segeln, ohne das Segel zu übersteigern, was sehr gut geht, wenn der Katamaran mit einer kreisförmigen Schotschiene über das ganze Boot ausgerüstet ist.

Im Kapitel über die Segel ist ein Experimentrigg beschrieben. Mit einem solchen Rigg, das sich beinahe um 360° drehen läßt, braucht man nicht anzuluven, um sich den scheinbaren Wind zu holen. Man fiert nur so weit aus, bis man die ungestörte Strömung über das Segel erhält und holt dann die Schot in dem Maße dicht, wie das Boot beschleunigt. Auf Kreuzern kann man in leichtem Wetter einen Spinnaker fahren, der aber sehr flach geschnitten sein muß. Meistens ist der Gewinn aber nur minimal,

Per Åke Mobrand mit seinem „Simba". Der Vorschotmann muß sehr breitbeinig stehen, um der Beschleunigung und der Zentrifugalkraft entgegenzuwirken. Sein Trapezseil ist mit einer Talje ausgerüstet, so daß er immer horizontal hängt.

und es reicht, wenn man die Genua ausbaumt und die Fock gleichzeitig setzt. Beim Segeln in Seegang müssen diese Möglichkeiten absolut ausgenutzt werden, denn wenn man auf die Bewegungen des Bootes in den Wellen keine Rücksicht nimmt, kann die Fahrt sehr schlecht werden.

Vor dem Wind

Auf diesem Kurs unterscheidet sich die Segeltechnik eines Katamarans am meisten von der für Kielboote und Jollen. Durch die Einwirkung des scheinbaren Windes lohnt es sich oft, vor dem Wind zu kreuzen. Genau wie beim Eissegeln ist der Vorwindkurs häufig der entscheidende, denn es gilt die Wirkung des scheinbaren Windes bis zur letzten Konsequenz auszunutzen. Platt vor dem Wind mit ausgebaumter Genua oder Spinnaker zu segeln, lohnt sich nur bei ganz leichten Winden. Die große Breite eines Mehrrumpfbootes gibt gute Möglichkeit, durch das Ausnutzen einer breiten Schotschiene das Großsegel torsionsfrei weit auszufieren. Die Besatzung soll am besten stehen, um selbst als Windfang zu dienen. Der Vorschotmann soll seinen Platz so wählen, daß das Boot die geringste benetzte Fläche erhält. Abhängig von Windstärke, Bootstyp und Rumpfform soll das Schwert nur wenig gefiert oder eventuell ganz hochgeholt sein. Ist der Vorwindkurs sehr lang, kann es sich lohnen, auch ein Ruder hochzuholen, um die benetzte Fläche noch weiter zu verringern.
Ein Katamaran kann, wenn grober Seegang herrscht, beim Halsen kentern. Meistens ist diese Gefahr aber bedeutend kleiner als bei Jollen. Es gilt, immer gute Fahrt im Boot zu halten und darauf zu achten, daß man das Manöver auf oder hinter der Welle ausführt, niemals vor ihr. Man kann abwarten, bis der Wind etwas abnimmt, dann geht das Drehen schnell. Hinterher ist es wichtig, daß das Boot sofort wieder volle Fahrt aufnimmt.

Das Anlegen an Brücke, Boje oder Strand

Auch hier unterscheidet sich die Technik etwas von dem, was man bei

Schwedens erster C-Katamaran, „Belsebub".

Jollen und Kielbooten gewohnt ist. Der Unterschied liegt in dem geringen Gewicht des Bootes und damit seiner geringen lebenden Kraft und außerdem in seinem großen Luftwiderstand. Bei ablandigem Wind ist es ja meistens kein größeres Problem. Man darf nur das Schwert nicht zu früh hochnehmen, da die Boote dann schlecht manövrieren. Und man muß kontrollieren, ob etwa Steine im Weg liegen. Mehrrumpfboote sind ja meistens dünn in der Außenhaut, und eine Grundberührung kann Schaden verursachen. Wegen des geringen Tiefgangs kann das Boot doch oft mehr oder weniger direkt auf den Strand genommen werden. Es kann beim Anlegen schwierig sein, bei hoher Fahrt den Abstand zu beurteilen. Auch wenn man an einer Boje festmachen will, kann das Schwierigkeiten machen, und man muß sehen, daß man genügend Platz hat, um das Manöver unter Umständen wiederholen zu können. Um die Fahrt und den Windwiderstand zu verkleinern, ist es oft besser, nur mit der Fock zu manövrieren.

Liegt das Boot an der Boje, sollen Schwerter und Ruder hochgenommen werden. Bei größeren Booten genügt es, wenn man die Ruderpinnen festlegt, damit sie nicht hin und her schlagen. Außerdem brauchen Mehrrumpfboote mehr Platz zum Schwojen, da sie erheblich mehr an der Boje segeln, als ein Kielboot.

Bei auflandigem Wind ist es natürlich schwerer, einen Strand anzusegeln. Am besten birgt man das Großsegel und treibt nur mit der Fock oder dem Profilmast, die Fahrt zuletzt mit dem Anker abbremsend, zum Strand. Nimmt man dann, wie es bei Rennkatamaranen üblich ist, das Boot an Land, ist es anzuheben oder mit Gummirollen zu schützen. Ein Boot mit Profilmast darf nie unbewacht liegen, und der Mast muß sobald wie möglich umgelegt werden. Dies geschieht in der umgekehrten Reihenfolge, wie das schon beschriebene Aufrichten.

Regatten und Langfahrten

Im großen und ganzen unterscheidet sich das Regattasegeln mit Katamaranen, was die Auslegung der Regeln betrifft, nicht von dem mit gewöhnlichen Booten. Die Bahnen können etwas anders gelegt sein, so daß man mehr raume Kurse segelt.

Die Regattatechnik ist jedoch etwas anders. Wegen seiner höheren Fahrt und seiner Form braucht ein Katamaran gewöhnlich mehr Platz zum Wenden. Von Jollen und Kielbooten ist man gewohnt, daß die Kreuz die ausschlaggebende Strecke ist, auf der die härtesten Kämpfe ausgetragen werden. Bei Katamaranregatten soll man diese Nahkämpfe vermeiden und nur darauf achten, daß man sein Boot so schnell wie möglich segelt, indem man Wind und Seegang zu seinem Vorteil ausnutzt. Bei größeren Regatten, bei denen auch andere Klassen starten, braucht man auf diese nicht allzuviel Rücksicht zu nehmen, da es auf Grund der großen Fahrtunterschiede leicht ist, auch in Lee vorbeizukommen. Man achte nur darauf, daß man genügend beschleunigt hat, indem man vorher etwas abfällt. Allerdings soll man vermeiden, in Lee von größeren Feldern zu kommen, da der Windschatten von mehreren Booten doch nicht so leicht zu durchbrechen ist.

Das Wichtigste bei jeder Regatta ist, daß man sein Boot in Ordnung hat und daß wirklich alles reibungslos läuft. Dann kann man sich darauf konzentrieren, den Wind richtig auszunutzen und das Boot auf der höchstmöglichen Fahrt zu halten. Viele Regatten sind schon an Land entschieden worden, weil nicht alles in bestem Trimm war, Beschläge zu schwach, Anordnungen verschiedener Art nicht genügend erprobt usw.

Rudergänger und Vorschotmann müssen aufeinander eingespielt sein, und jeder muß seine Aufgabe kennen. Beim Start z. B. soll der Mitsegler die Zeit kontrollieren, während der Rudergänger auf die Konkurrenten achtet. Bei einer guten Mannschaft gibt es keine Kommandos, jeder weiß, wie der andere reagiert und wie man das Boot am besten vorwärts treibt.

Seeregatten

Entsprechend der IOR-Regel hat man im Laufe der letzten Jahre die IOMR-Regel entwickelt. Sie ist eine Kombination der IOR, der Ocean-Racing-Catamaran-Association-Regel und der Regel, die die Amerikaner schon lange bei ihren Rennen in Kalifornien anwenden. Sie ist für den Laien schwer verständlich, und näher darauf einzugehen, würde den Rahmen dieses Buches überschreiten.

Das Wichtigste sind die Sicherheitsbestimmungen, die im Prinzip die gleichen wie für Kielboote sind, doch mit gewissen Änderungen, daß sie für die Mehrrumpfboote passen. Rettungsflöße, Notraketen usw. müssen zugänglich sein, auch wenn das Boot gekentert sein sollte und kieloben im Wasser liegt. Neue Sicherheitsvorschriften sind im Januar 1977 von der IYRU herausgegeben worden. Sie regeln alles: von der Lenzpumpe bis zum Reparaturkitt.

Um das Durchkentern zu verhindern, hat man Boote mit einem Schwimmkörper im Masttop versehen. Wegen des großen Luftwiderstandes und der Gewichtsvergrößerung ist diese Lösung nicht allzu populär. Außerdem ist das Boot ohne fremde Hilfe nicht aufzurichten. Hinzu kommt das Risiko, daß das Boot völlig mit Wasser gefüllt wird. Wenn ein Boot dagegen durchkentert, ist diese Gefahr nicht zu groß, und es bildet eine Plattform, auf der man sicher auf Hilfe warten kann. Einem Durchkentern wirkt auch ein Profilmast entgegen, aber wie bei jedem Schwimmkörper müssen alle Luken wasserdicht geschlossen sein, wenn das Boot nicht vollaufen soll.

Das beste Mittel gegen ein Kentern ist ein zuverlässiger automatischer Schotauslöser. Er kann ein mechanisch-elektrischer Typ und wie eine Schotklemme konstruiert sein und die Schot auslösen, wenn das Boot

eine gewisse Krängung erreicht hat. Er muß justierbar sein, damit man ihn nach Seegang, Wind und Bootstyp einstellen kann.
Eine Seeregatta mit Mehrrumpfbooten ist bedeutend leichter durchzustehen als man es von Kielbooten gewohnt ist. Das beruht darauf, daß durch die geringe Krängung das Leben an Bord erheblich bequemer ist. Die wachhabende Besatzung kann sich daher mehr auf das Segeln konzentrieren, statt wie auf einem Kielboot in hartem Wetter auf ihre eigene Sicherheit bedacht sein zu müssen. Trotzdem darf keine Sicherheitsmaßnahme vergessen werden und bei allen Arbeiten auf Deck sollte eine Sicherheitsleine angeschlagen sein. Sollte dennoch jemand über Bord gehen, kann es infolge der hohen Fahrt sehr schwierig werden, ihn wieder aufzufinden, besonders während einer Nachtfahrt. Das Kochen ist auf alle Fälle nicht so vom Wetter abhängig, gleich auf welchem Kurs man segelt, und damit ist ein regelmäßiger Wachwechsel gegeben. Für eine normale Gotland-Rund-Regatta ist ein besonderes körperliches Training nicht notwendig, da man auch bei hartem Wetter Gelegenheit hat, sich auszuruhen. Doch wird auch hier die Konkurrenz härter werden und eine spezialgetrimmte Mannschaft erfordern.
Der große Raum auf einem Mehrrumpfboot verleitet oft dazu, eine zu große Besatzung an Bord zu nehmen. Man sollte sich aber immer klar darüber sein, daß jede Überlastung die Segeleigenschaften erheblich verschlechtert. Konserven, Wasser und ähnliches soll so gepackt sein, daß sie eventuell umgestaut werden können, wenn es für den Trimmzustand empfehlenswert sein sollte. Dieses gilt besonders für leichte Boote, und natürlich muß auch die Besatzung so verteilt sein, daß die besten Eigenschaften des Bootes voll ausgenutzt werden. Dieses ist jedoch beim Rennsegeln nach IYRU-Regeln verboten.
Bei Seeregatten in leichtem Wetter läßt die Aufmerksamkeit schnell nach. Das darf auf Mehrrumpfbooten nicht geschehen, denn dann müssen sie bedeutend aufmerksamer als Kielboote gesegelt werden. Daß Mehrrumpfboote schlechte Leichtwindsegler sind, ist ein Märchen. Sie erfordern nur erheblich mehr Aufmerksamkeit und laufen dann auch bedeutend schneller als ein Kielboot.
Jedes Boot hat besonders schlechte Eigenschaften in Wellen, deren

Länge ein bestimmtes Verhältnis zu seiner Wasserlinienlänge hat. In einer solchen See kann es schwer sein, es in Fahrt zu halten. Sind die Wellen länger oder kürzer, geht es erheblich besser. Es lohnt sich oft, nicht den günstigsten Kompaßkurs zu steuern, sondern den Kurs der See und dem Wind anzupassen und ein genaues Besteck zu führen. Bei hartem Wetter soll der Rudergänger und der Vorschotmann die Groß- bzw. die Fockschot aus der Hand fahren, immer bereit zu fieren, wenn es nötig wird. Wird die Schot über eine Winsch gefahren, muß die Kurbel abgenommen sein, damit die Schot sich nicht festhakt. Sie muß so klar liegen, daß sie leicht auslaufen kann.

Langfahrtsegeln

Beim Planen von Langfahrten mit Mehrrumpfbooten kann man mit bedeutend längeren Tagesetappen als bei Kielbooten rechnen, nicht nur wegen der höheren Geschwindigkeit, sondern auch wegen der größeren Bequemlichkeit an Bord. Tagesetappen von 50 bis 60 sm sind nichts ungewöhnliches.

Je schneller ein Boot ist, desto schneller kann man auch wieder in geschütztes Wasser kommen, d. h. man kann sich auch mit einem kleinen Boot, ohne sich in Gefahr zu bringen, bedeutend weiter hinauswagen, denn wird es hart, ist man schnell wieder in Landschutz. Das langsame „sichere" Boot ist nicht immer das sicherste. Auch bei Langfahrten soll man natürlich nicht durch Überbelastung die Eigenschaften des Bootes verschlechtern.

Die Navigation in schwierigen Gewässern kann auch auf einem großen und schnellen Boot reichliche Schwierigkeiten machen, vor allem, wenn man mit der Familie allein segelt und als Familienvater auf alles achten muß: auf die Kinder, eine möglicherweise ängstliche Frau und auf das Boot selbst. Am einfachsten ist es, wenn ein Mann die Navigation in engen Fahrwassern übernimmt, während der Rudergänger sich ganz auf das Segeln konzentriert.

Auf Grund des geringen Tiefgangs der Mehrrumpfboote eröffnen sich ihnen natürlich viel größere Teile etwa zwischen den schwedischen Schä-

Der Wing A-Katamaran der internationalen A-Division ist in Deutschland der verbreitetste Einhand-Kat.

„Brunte". Demontierbarer Trimaran mit 3—4 Schlafplätzen und zentralem Kockpit. Selbstlenzend durch den Schwertkasten.

ren und auch von Binnengewässern als für ein Kielboot. Ein Kreuzerkatamaran von 11 m Länge geht selten tiefer als 40 cm. Da kann man in vielen flachen Schilfbuchten vor Anker gehen, in die sich ein Kielboot nie hinein wagen würde. Auch aus Sicherheitsgründen hat der geringe Tiefgang sein Gutes. Bei einer Grundberührung hebt sich nur das Schwert, und selbst wenn der Rumpf aufstoßen sollte, entstehen durch das geringe Gewicht selten ernste Schäden.

Die Seetüchtigkeit eines Bootes ist oft von der Besatzung und ihrem Verhalten in schwierigen Situationen abhängig. Wie schon früher gesagt, sind Langfahrtboote oft untertakelt, aber ist die Besatzung klein, ist es immer am besten, vorsichtig zu sein und rechtzeitig zu reffen. Für sehr schnelle Boote ist nicht immer allein die Windstärke ausschlaggebend, sondern oft auch der Seegang.

„Willgo", abgeänderter „Dacapo" 20, Länge 7,30 m, Breite 3,64 m, Segel 25 m².

Die hohe Spitzengeschwindigkeit verlockt oft dazu, mit allzu langen Tagesetappen zu rechnen. Gewöhnlich ist es jedoch schwer, ein Boot für Tage auf Höchstfahrt zu halten. Bei der Einhand-Transatlantik-Regatta 1968 hatten viele auf Mehrrumpfboote gesetzt, um eine Gewinnchance zu haben. Die Schwierigkeit scheint aber darin zu liegen, daß ein Boot, mit Windruder gesteuert, lange Zeit alleine segeln und trotzdem Höchstfahrt haben soll. Etwas, was bei diesen empfindlichen Booten nicht ganz vereinbar scheint.

Für Kinder wird das Tourensegeln schnell zuviel und einförmig. Sie genießen die Fahrt noch nicht so, wie der Familienvater-Rudergänger. Da gilt es, Beschäftigungsmöglichkeiten zu finden, was auf einem Mehrrumpfboot erheblich einfacher sein sollte als auf einem krängenden Kielboot.

Natürlich müssen Kinder an Deck Schwimmwesten anhaben und möglichst auch eine Sorgleine, wobei die Erwachsenen mit gutem Beispiel vorangehen sollten. Man muß auch daran denken, daß nicht jeden Tag die Sonne scheint und eine leichte Brise weht. Dabei hat das Mehrrumpfboot den Vorteil des großen Platzes unter Deck, der das Zusammenleben der Besatzung erleichtert.

Feste Ausrüstung

Um das Gewicht niedrig zu halten, sind die Rümpfe der Rennkatamarane meistens mit Aluminiumbalken zusammengehalten, und das Zwischendeck besteht aus Tuch oder Netz. Um dieses schneller montieren zu können, ist es an der Vorder- und Achterkante mit je einem Rohr versehen und wird damit an einigen Festpunkten gegen die Balken gespannt. Dieses Trampolindeck wird mit Reitstropps für die Füße versehen, mit Taschen für Fallen oder andere lose Enden und auch mit Löchern, durch die das Wasser ablaufen kann. Diese Lenzlöcher müssen an der Unterseite Klappen haben, damit das Spritzwasser abgehalten wird. Lenzlöcher sollten auch unter den Fußstropps angebracht sein, damit man nicht mit den Beinen in einer Pfütze zu sitzen braucht. Der größte Ablauf soll in der Mitte liegen.

Die Taschen für Fallen und lose Ausrüstung sollen mit Reißverschlüssen geschlossen werden. Bei der Wahl zwischen Tuch oder Netz soll man daran denken, daß Netz ein geringeres Gewicht, aber einen größeren Luftwiderstand hat. Hebt das Boot in einer Bö an, bläst es durch ein Netz hindurch, während ein Tuch ein zusätzliches Krängungsmoment darstellt. Um einen möglichst geringen Luftwiderstand zu haben, muß ein Tuch straff gespannt sein, damit es nicht flattert. Am Rumpf befestigt man Fußaugen (siehe Bild Seite 116) in einem Abstand von etwa 90 cm, die der Vorschotmann benutzen sollte, damit er bei großen Beschleunigungen und bei Raumschotkursen, auf denen er sich weit achterlich halten soll, nicht über Bord geht.

Schot, Schwertauf- und -niederholer und andere Trimmvorrichtungen sollen mit Schnellauslösungen, wie Schot- oder Curryklemmen, versehen sein. Blöcke, Schotwagen, Klemmen und Baumbeschläge müssen gut

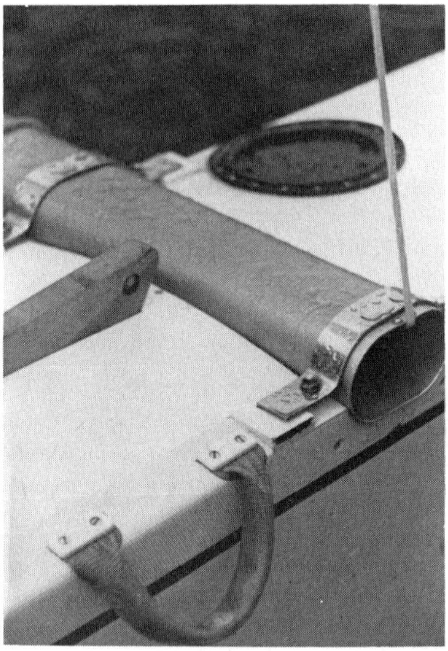

Decksanordnungen auf einem „Tornado". Durch Änderung der Länge des Terylenendes unter dem Baum justiert man den Winkel zwischen ihm und dem Mast. Das Deck ist mit Taschen für Fallen und andere Ausrüstung versehen. Das Tuchdeck muß straff gespannt sein, damit es nicht flattert.
Befestigung des Hauptbalkens auf „Tornado" mit Fußtropp, Inspektionsluke und dem oberen Teil des Schwertes.

geschmiert sein, wenn sie zufriedenstellend arbeiten sollen. Oft frißt der Baumbeschlag in der Mastschiene, so daß man nicht fühlt, welcher Zug auf dem Strecker ist. Man muß ein wasserfestes Fett für derartige Schmierungen verwenden.

Um Geld und Gewicht zu sparen, benutzt man meistens auf Rennbooten ein Trapez an Stelle eines Gleitsitzes, was außerdem eine gewisse Bewegungsmöglichkeit gewährleistet. Ein Trapezgurt soll den Vorschotmann nicht in seiner Arbeit behindern und umständlich zu tragen sein. Es soll, um die Länge des Drahtseils verändern zu können, mit einer

Talje ausgerüstet sein. Diese muß mit einer Hand zu bedienen sein, da die andere gewiß ebenso nötig anderweitig gebraucht wird. Das Ein- und Aushaken muß schnell und sicher möglich sein. Es gibt gewiß Mitsegler, die die tragikomische Situation erlebt haben, daß sie sich nach außen werfen und merken, daß das Trapez nicht richtig eingehakt ist. Um bei schnellen Manövern oder beim Tauchen des Leeschwimmers zu verhindern, daß der im Trapez stehende Vorschoter nach vorne fliegt, haben sich in letzter Zeit Rückhaltesysteme mehr und mehr durchgesetzt. Sie arbeiten wie ein horizontales Trapez, dessen Drähte an den Spiegeln des Bootes angeschlagen sind.

Größere Boote müssen mit Winschen für die Segel ausgerüstet sein. Für kleinere und einfache Boote eignet sich ein Typ, der aus zwei konischen Platten besteht, zwischen denen die Schot durch Federbelastung festgehalten wird. Diese Winsch kombiniert also die Funktion der Winde mit der einer Schotklemme, und man kann die Schot leicht auffieren. Auf größeren Booten muß man jedoch die gewöhnliche, traditionelle Winsch haben, die aber mit abnehmbarem Handgriff versehen sein soll, damit die Schot in gefährlichen Situationen nicht hängen bleibt.

Bei Langfahrten, wenn man die Besatzung nicht zu sehr belasten will, und bei Einhandfahrten wendet man oft Windruder an. Wegen des scheinbaren Windes ist es jedoch schwer, ein Mehrrumpfboot so zu trimmen, daß es einen gleichmäßigen Kurs zum wahren Wind segelt. Geht das Boot aus irgendeinem Grund zu langsam, geht es von selbst höher an den Wind, während es bei zu hoher Fahrt abfällt, d.h. bei einer plötzlichen Beschleunigung kann es auf absolut falschem Kurs davonjagen. Bei gleichmäßigem Wind auf See sollten diese Schwierigkeiten aber zu überwinden sein. Der beste Windrudertyp für Mehrrumpfboote ist einer, der das Ruder und nicht das Boot steuert. Am einfachsten ist das mit einem Servoruder, das vom Wind gesteuert wird und an der Achterkante des Ruders befestigt ist, zu erreichen. Um die Belastung zu vermindern, sollte das eigentliche Ruder balanciert sein, d.h. einen Teil seines Blattes vor der Drehachse haben. Der englische „Quartermaster“ arbeitet nach dem genannten Prinzip, kann aber nicht bei allen Ruderaufhängungen verwendet werden. Dies hört sich alles kompliziert an, aber bei gleich-

mäßigem Wind sollte ein gut konstruiertes Boot so zu trimmen sein, daß es sich selbst segelt.
Die Anker soll man mit Rücksicht auf Gewicht und Zugkraft wählen, jedoch dabei nicht vergessen, daß Mehrrumpfboote oft einen großen Windwiderstand haben im Verhältnis zu ihrem Gewicht. Außerdem soll der Anker Seitenkräfte, wenn das Boot zu „segeln" anfängt, aufnehmen. Diese Tendenz, an der Boje oder vor Anker zu segeln, kann für einige Boote sehr ausgeprägt sein.
Als Hilfsmotor wählt man für die meisten Mehrrumpfboote wegen seines geringen Gewichtes und der besseren Anbringungsmöglichkeit einen Außenborder. Nur für große Boote mit Motorseglercharakter sind Einbaumotoren zu empfehlen. Wird er nur als Hilfsmotor benutzt, reicht eine geringe Motorstärke. Wird der Motor freihängend in der Mitte zwischen den beiden Rümpfen montiert, kann es bei hoher Fahrt Schwierigkeiten mit dem Luftsaugen des Propellers geben, da er in dem gestörten Wasser der beiden Bugwellen arbeitet. Die beste Wirkung erzielt man, wenn man den Motor in einem Schacht in einem der beiden Rümpfe anbringt. Das Loch im Boden soll so klein wie möglich sein und mit einer Luke bei Nichtanwendung abgedichtet werden. Bei vielen Außenbordmotoren sitzt das Abgasrohr über der Wasserlinie. Die Abgase müssen dann aus dem Boot geführt werden, ebenso wie für eine genügend kräftige Luftzufuhr gesorgt werden muß.
Bei der Wahl eines Logs soll man daran denken, daß die Fahrt sehr hoch sein kann, so daß die gewöhnlichen Segelbootlogs nicht ausreichen, während Motorbootlogs keine Skala für die geringen Fahrten haben. Das Log muß so angebracht werden, daß es nicht vom Schwert oder der Wellenbildung gestört wird und es muß so tief sitzen, daß es beim Krängen nicht aus dem Wasser kommt. Zu empfehlen sind natürlich Logs in jedem Rumpf.

Persönliche Ausrüstung

Große Sorgfalt soll auf die persönliche Ausrüstung, wie Kleider, Bootsschuhe, Gummistiefel, Ölzeug usw., gelegt werden, denn im allgemeinen

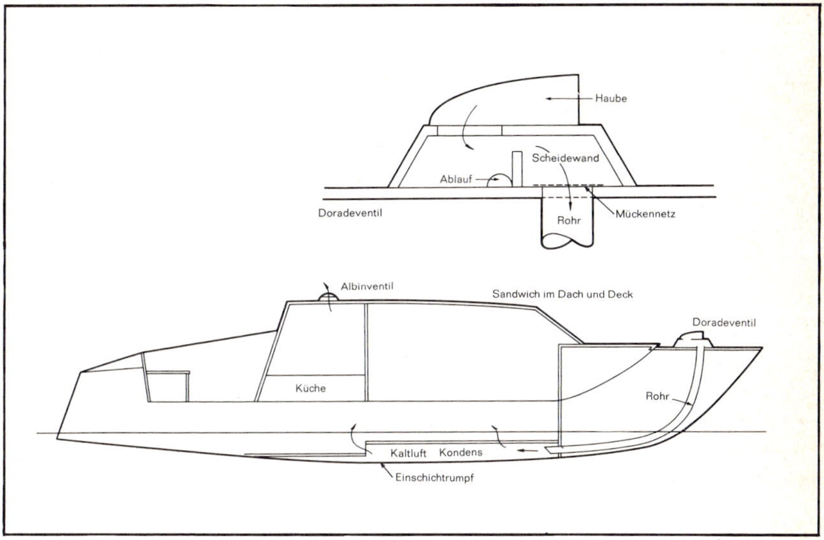

Um das Wohlbefinden an Bord zu erhöhen, ist eine gute Ventilation nötig. Dieses ist ein Vorschlag für „Dacapo 20". Bei Seeregatten ist eine gute Ventilation eine Voraussetzung.

kann man sagen, daß es kein schlechtes Wetter, sondern nur schlechte Kleidung und Ausrüstung gibt. In kaltem und regnerischem Wetter wird die Konzentration eines Seglers auf eine bedeutend härtere Probe gestellt, wenn er außer ans Segeln auch an seine kalten und nassen Füße denken muß. Bei der Wahl der Kleidung darf man die hohe Fahrt der Mehrrumpfboote nicht vergessen. Der Mitsegler kann leicht fallen und sich am Bootsrumpf schlagen, da ist schon eine dicke Kleiderschicht zu empfehlen.

Dem Ideal am nächsten kommt man mit einer Taucherkleidung. Taucheranzüge (Naßbiber) sind inzwischen die Regel.

Gewöhnlich hat man Pullover aus Kunstfasern oder Hosen und Anoraks an. Die Hosenbeine sollten einen Steg haben, damit sie nicht hochrutschen, oder sie sollten so zu knöpfen sein, daß sie an den Gummistiefeln dicht halten. Beim Tauchen oder in einer Welle kann das Wasser schnell und ziemlich weit im Hosenbein hochgepreßt werden. An Stelle der kurzen Seglerstiefel sind lange, sogenannte Damenstiefel zu empfehlen, und zwar am besten weiße, denn die Streifen, die schwarze Gummistiefel hinterlassen, sind nicht so leicht zu entfernen. Ein Frottéhandtuch um den Hals verhindert, daß das Spritzwasser in den Kragen läuft. Lieber ein nasser Umschlag am Hals als eine feuchte Brustpackung. Zieht man die Regenkleider aus, ist es empfehlenswert, sie zu wenden, damit sie bis zur nächsten Regatta wieder trocken sind. Zu Regatten soll man stets soviel Kleider mit haben, daß man immer trockenes Zeug zum Wechseln hat.

Bei Binnenregatten werden meistens Schwimmwesten ohne Kragen benutzt; sie sind auf Seeregatten nicht zugelassen. Da muß die Schwimmweste einen Kragen haben, um den Kopf wirklich über Wasser zu halten. Am bequemsten sind die aufblasbaren Westen, die zusammengelegt nur als kleines Paket auf der Brust getragen werden. Im Notfall werden sie mit einer Kohlensäurepatrone aufgeblasen. Man kann sie ständig tragen, ohne daß sie im Wege sind und irritieren.

Die in den Bestimmungen für Seeregatten vorgeschriebene Sorgleine ist die wichtigste Ausrüstung und sollte auch bei Langfahrten bei jeder Arbeit auf dem Vorschiff angeschlagen werden.

Transport und Lagerung

Da Regatten oft auf fremden Bahnen gesegelt werden, muß man die Boote zwischen ihnen transportieren können. Die meisten Katamarane kann man jetzt leicht demontieren und auch die Montage muß so einfach sein, daß sie nicht allzu lange Zeit in Anspruch nimmt. In dieser Hinsicht war der alte Typ von Katamaranen, die hin und wieder noch vorkommen, einfacher. Man konnte sie in der Mitte zusammenklappen und dann auf einem Trailer verladen. Einigen Kreuzertrimaranen kann man eine geringe Breite geben, indem man die Ausleger über den Mittelrumpf klappt.

Ein Trailer für Boote muß eine vom TÜV ausgestellte „Allgemeine Betriebserlaubnis" haben und darf nicht schneller als 80 km/h gefahren werden. Für Rennboote baut man oft einen Trailer nach Maß. Da legt man die Rümpfe am besten auf ihre gewöhnlichen Balkenbefestigungen und vermeidet so eine Beschädigung. Profilmasten mit ihrer Länge von 10—12 m und ihrem Gewicht von 60—100 kg sind schon beschwerlicher zu transportieren.

Da ein Fahrzeug 2,5 m breit sein darf, könnte man einen A-Katamaran auf dem Autodach befördern, wenn man die Maximallast nicht überschreitet, was natürlich vom Autotyp abhängig ist. Für den Transport am Strand kann man spezielle Handwagen benutzen, deren Konstruktion von dem zu befördernden Boot abhängt.

Lagerung

Soll ein Boot für längere Zeit aufgelegt werden, muß man darauf achten, daß die Punktlasten gleichmäßig verteilt sind und daß die weichen Rümpfe sich nicht verformen. Rennkatamarane legt man am besten über Kopf auf die Balkenbefestigungen. Bei Kreuzern darf man nur da aufpallen, wo ein Schott oder eine anderweitige Versteifung des Rumpfes sitzt.

Kommt ein Boot nach einer Fahrt an Land, soll man die Inspektionsluken öffnen und es mit einem Schwamm gut austrocknen, damit es nicht zuviel Feuchtigkeit aufsaugt. Die Luken sollen offen bleiben, denn in den langen, schmalen Rümpfen entsteht leicht eine Pilzbildung. Beschädigungen am Schwertkasten oder am Rumpf sollten schnellstens repariert werden, damit kein Wasser in das offene Sperrholz dringt. Besonders wichtig ist das im Herbst, denn durch Eisbildung kann der Schaden erheblich verschlimmert werden.

Während der Segelsaison läßt man die Latten meistens im Großsegel, damit man nicht bei jeder Fahrt das Segel neu trimmen muß und in dem schweren Tuch keine Falten bilden. Im Winterlager nimmt man die Latten dagegen heraus und hängt das Segel nach Möglichkeit ohne allzuviele Falten auf. Im allgemeinen kann man sagen, daß man schon im Herbst einen großen Teil der Frühjahrsarbeit machen kann — es bleibt für das Frühjahr doch noch genug übrig.

Verschiedene Rennkatamarane

Regatten auf Dreiecksbahnen werden fast ausschließlich mit Booten nach den internationalen Regeln für die Klassen A, B, C, und D gesegelt. Auf Vorschlag erprobt man außerdem Trimarane, wobei die Länge und die Segelfläche wie bei Katamaranen vermessen wird.

Der Katamaran der Klasse A ist ein Einmannboot mit einer Länge von 5,486 m, einer Breite von 2,300 m und einer Segelfläche von 13,935 m². Die Klasse B ist ein Zweimannboot mit einer Länge von 6,096 m, einer Breite von 3,048 m und einer Segelfläche von 21,83 m². Die C-Klasse ist 7,620 m lang, 4,267 m breit und hat eine Segelfläche von 27,87 m². In der D-Klasse ist die Länge und Breite unbegrenzt, während die Segelfläche 46,45 m² sein soll. Diese Klasse ist ein Dreimannboot.

Die Breite wird einschließlich Spritz- und Scheuerleisten und anderen festen Teilen gemessen. Ist die größte Breite des Ruders mehr als 76 mm, wird der Überschuß der Länge über alles zugerechnet.

Nicht mit Ballast versehene Gleitsitze sind für den Steuermann in der Klasse A zugelassen. Sie sind auch bei den anderen Klassen zugelassen, dort aber nur für den Vorschotmann. Nach den gleichen Vorschriften kann auch ein Trapez angewendet werden. Bei der Vermessung der Segel soll die effektive Fläche, also inkl. Baum und drehbarem Mast, gemessen werden. Ein Spinnaker darf nur in der D-Klasse angewendet werden und darf nicht größer als 74,32 m² sein.

Die A-Klasse ist hauptsächlich auf Neuseeland und in Australien entwickelt, wo die ersten Boote von Graham Stanton gebaut wurden. Segelklar hatten sie ein Gewicht von nur 75 kg. Der Konstrukteur selbst segelt ohne Trapez, aber da die Rigghöhe allmählich höher und höher wurde, war es nötig, zum Trapez überzugehen, wenn man das Boot auf dem richtigen Kiel halten wollte. Selbst ein kleiner A-Katamaran kann für den Rudergänger in hartem Wetter viel Arbeit machen. 1966 segelte man die erste Weltmeisterschaft in dieser Klasse. Sie ging an J. Smellman mit der Konstruktion „Slither" von Graham Cunningham. Die ersten neuseeländischen Boote waren slupgetakelt, meistens aus lokalen Gründen. Die meisten A-Katamarane wenden jetzt Una-Riggs an, da diese leichter zu hantieren sind.

1967 schrieb man einen Wettbewerb aus für die Konstruktion von Eintypbooten der A- und B-Klassen. Gewählt wurde der „Australis", der sich aber nicht durchsetzen konnte und nach einigen Jahren seinen internationalen Status verlor.

Nach intensiven Vorbereitungen schrieb die IYRU einen neuen Wettbewerb aus, und im März 1976 stellten sich sieben Boote von verschiedenen

„Duetta". Einer der schnellsten A-Katamarane in Schweden. Man beachte den stromlinienförmigen Hauptbalken.

„Dart". Länge 5,49 m, Länge WL 5,03 m, Breite 2,28 m, Gewicht 130 kg, Großsegel 12,91 m², Fock 3,61².

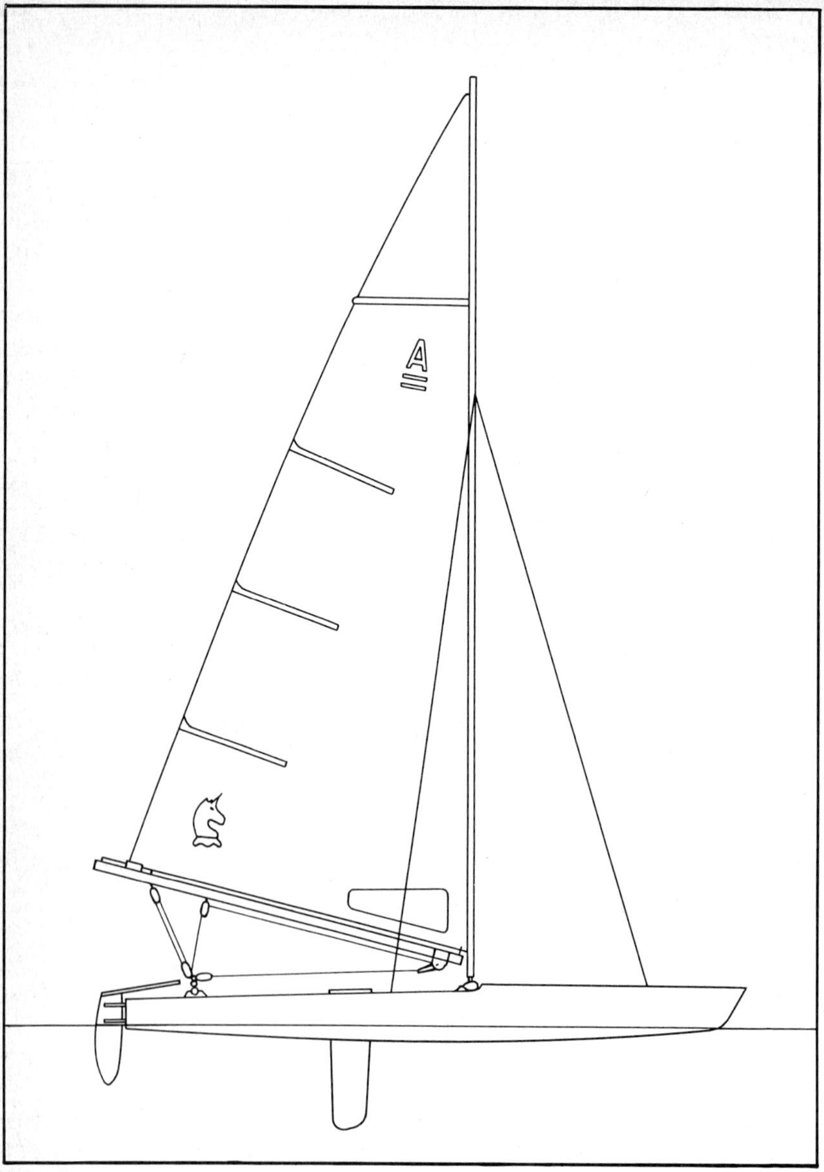

Der für den Amateurbau geeignete A-Katamaran „Unicorn". Es gibt verschiedene Riggausführungen.

Nationen dem Schiedsgericht. Gesegelt wurde in San Pedro, Kalifornien, und nach sieben Tagen genauester Prüfung entschloß sich die Jury, den „Dart" als Eintypboot vorzuschlagen. Inzwischen ist er von der IYRU offiziell als internationale Eintypklasse angenommen worden.
Konstrukteur ist Rodney March, von dessen Zeichentisch auch der „Tornado" stammt. Besonders bemerkenswert ist, daß das Boot keine Schwerter und das Großsegel keinen Baum hat. Die Rümpfe gehen in einen stromlinienförmigen Kiel über, tief genug, um ausreichende Kreuzeigenschaften zu garantieren und alle komplizierten Schwertkasten-Konstruktionen überflüssig zu machen.
Das Mastprofil ähnelt dem des Tornados, wird aber zum Top hin nicht schmaler. Da der Mast wasserdicht ist, wirkt er dem Durchkentern entgegen. Außerdem ist das Boot leicht wieder aufzurichten, wenn ein Mann weit hinten auf dem Rumpf steht.
Der „Dart" ist so kursstabil, daß er auch von einem Mann mit Trapez und ohne Fock gesegelt werden kann.

Die meisten Katamarane der Welt segeln in der B-Klasse, haben aber nur wenig Aussicht gegen den 1967 international angenommenen „Tornado", der sich bei den Ausscheidungen sehr überlegen zeigte. Er unterscheidet sich wesentlich von den bisherigen Zweimannbooten, die oft relativ kurz und klobig waren und meistens sehr viel Segel führten. Die meisten segelten als Eintypboote, z. B. „YW", „Thai IV", „Shearwater" und andere. Um Regatta zu segeln, müssen diese Boote nun in der B-Klasse segeln und nicht als Eintypboote. Der frühere Europameister in „Thai IV", Per-Åke Mobrandt, ist auch zum Tornado übergegangen und wurde unmittelbar auch in dieser Klasse Europameister. Bei der Europameisterschaft 1970 wurde er Zweiter und mußte seinen Titel an Jörg Spengler, Nürnberg, abgegeben. Seitdem liegen die deutschen Segler an der Spitze der Weltelite.
Seitdem der Tornado als Olympische Klasse angenommen ist, hat sich diese sehr schnell vergrößert und wächst z. Zt. prozentual am schnellsten von allen Klassen. Olympisch wurde der Tornado zum ersten Mal in Montreal gesegelt.

Die größten Boote, die augenblicklich segeln, sind die der C-Klasse. Sie haben ihre Kämpfe unter anderem um den „Little America's Cup", der aber nur ein Bruchteil von dem kostet, was der richtige America's Cup beansprucht. In dieser Klasse wurden auch die größten Fortschritte gemacht. Die ersten Boote wurden 1960 gebaut und waren noch nicht so avanciert wie heutzutage. Die Rumpfform war nicht so extrem und das Rigg war konventionell. Heute segelt man ausschließlich mit Profilmasten, die Boote sind erheblich schneller geworden.

Die Katamarane der D-Klasse sind noch nicht besonders populär geworden, was wegen ihrer Größe verständlich ist. Ihre Geschwindigkeiten sollten denen der C-Katamarane nicht allzu überlegen sein. In offener, grober See können sie natürlich durch ihre Größe mehr vertragen und dadurch auch schneller sein.

„Manta C" bei den Herbstregatten der KSSS 1968.

Kreuzer

Der kleinste bewohnbare Kreuzer, der ästhetisch und funktionell noch annehmbar ist, sollte nicht unter 7 m lang sein. Ein so kleines Boot ist jedoch sehr empfindlich in Bezug auf die Belastung, besonders wenn man die guten Eigenschaften der Mehrrumpfboote wie schnelle Beschleunigung und hohe Endgeschwindigkeit behalten will. Will man Stehhöhe in den Rümpfen haben, müssen sie schon 9 m lang sein. Soll die Kajüte über der Brücke eine annehmbare Stehhöhe erhalten, kommt man schon auf ein Boot von 11 m Länge, während volle Stehhöhe erst bei Längen über 13 m zu erreichen ist.

Das größte Problem für Mehrrumpfboote ist der Freigang der Brücke von der Wasseroberfläche. Es werden mindestens 6 % der Wasserlinienlänge gebraucht, wünschenswert sind 8—9 %, wenn man vermeiden will, daß die Brücke im Seegang hart einsetzt. Da ja die Segeleigenschaften von Mehrrumpfbooten sehr von der Gewichtsverteilung abhängig sind, soll man versuchen, so große oder lange Rümpfe wie möglich mit einer minimalen Einrichtung oder kleinen Überbauten zu vereinen.

Leider lockt es die meisten Amateurbootsbauer, zuviele Kojen in ein Boot zu pressen. Im allgemeinen kann man sagen, daß man so viele Kojenplätze haben soll, wie die Anzahl der für das Boot passenden Besatzung ist. Das gilt besonders für kleine Boote. Um das Gewicht herabzusetzen, konstruiert man die meisten Boote mit selbsttragender Einrichtung.

„Dacapo 20" wurde 1966 in einer Zeichnungsserie für den Amateurbootsbauer von der schwedischen Zeitung „Teknik för alla" herausgegeben. Das Boot ist für die kleine Familie auf Langfahrt gedacht und haupt-

„Dacapo 21". Länge 7,60 m, Länge WL 6,51 m, Breite 3,63 m, Deplacement 770 kg, Segelfläche 28 m².

sächlich für den Schärengarten bestimmt. Es ist in der Mitte durch ein längsgehendes Schott in zwei getrennte Räume geteilt. In diesem Schott sitzt auch das Mittelschwert. Die Kajüte reicht bis an die Bordwand, wodurch man große Innenräume gewonnen hat. Die Höhe der Kajüte ist so berechnet, daß man von der Ruderbank noch bequem über sie hinwegsehen kann. Da das Boot relativ klein ist, sollte man es nicht allzu sehr belasten, wenn man seine guten Segeleigenschaften behalten will. Die Zeichnungen für den Amateurbau kann man vom Konstrukteur und Verfasser dieses Buches erhalten. Sie sind im Original für den Bau in Sperrholz gezeichnet, aber eine Anzahl Boote wurden auch in Kunststoff gebaut, wodurch die scharfen Schläge vermieden werden, die Segeleigenschaften sich aber nicht nennenswert ändern. Bis jetzt sind etwa 70 Boote gebaut worden, damit ist „Dacapo 20" einer der größten Kreuzerkatamaran-Klassen in Skandinavien. Mehrere Boote wurden auch in Mitteleuropa gebaut, wo sich die Mehrrumpfboote sehr schnell verbreiten. Eine verbesserte Version ist die „Dacapo 21". Mit einer Länge von 7,60 m und mit einer allgemeinen Vergrößerung konnte auch der Freigang der Brücke erhöht werden. Das Boot trägt dieselbe Segelfläche, aber an einem höheren und effektiverem Rigg. Zur Zeit sind mehrere Boote in Deutschland, Österreich und in der Schweiz im Bau, und man ist gänzlich zu dieser Version übergegangen.

„Dacapo 24" wurde ursprünglich für einen Konstruktionswettbewerb der Zeitung „Yachting World" gezeichnet, wo er als bester Katamaran hinter zwei Trimaranen den dritten Platz belegte. Das Boot ist für 4 bis 6 Personen gedacht und der Einrichtungsplan entspricht dem des „Dacapo 21". Die Geräumigkeit ist bedeutend größer, das Boot hat volle Stehhöhe. Auch eine separate Toilette hat Platz gefunden. Um das Boot mehr der offenen See anzupassen, ist die freie Höhe unter der Brücke etwas vergrößert worden, doch ohne die freie Sicht über die Kajüte zu beeinträchtigen. Das Boot ist ursprünglich als Kunststoffrumpf mit Sperrholzaufbauten gezeichnet, aber es wird nun auch ganz in Kunststoff hergestellt.

„Dacapo 31" ist augenblicklich das größte Boot dieser Serie. Es ist ein reines Langfahrtboot, das aber natürlich auch für Seeregatten ausge-

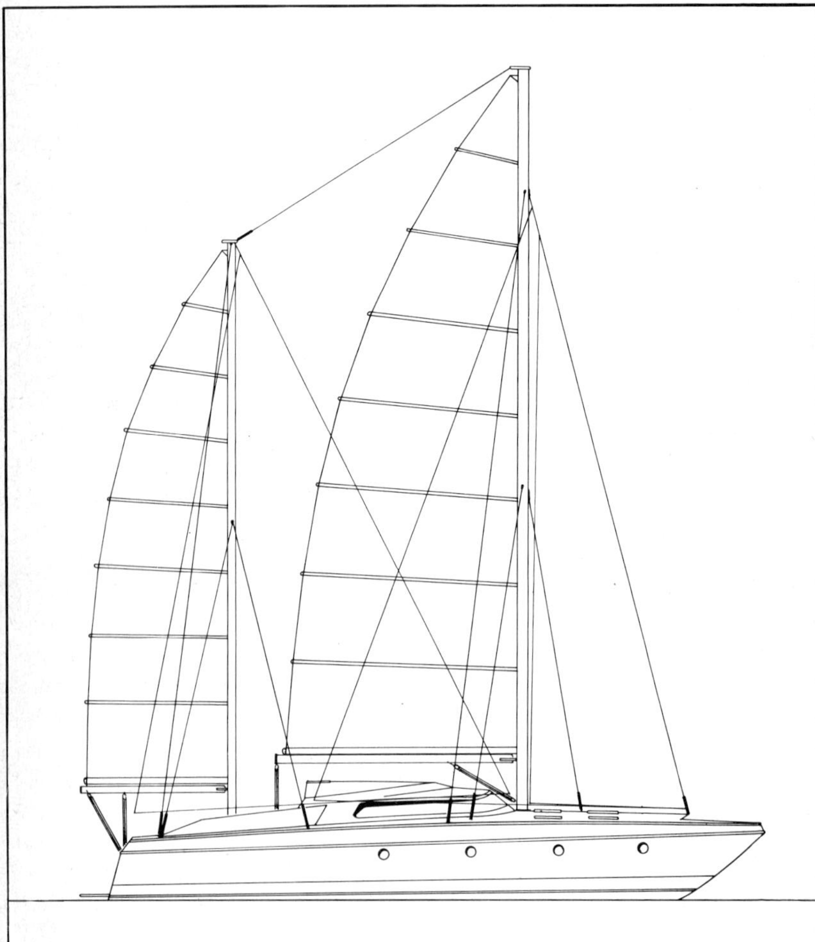

„Stratos". Länge 15 m, Länge WL 13 m, Breite 6,65 m, Deplacement 7,1 t, Segelfläche 110 m².

rüstet werden kann. Es hat acht feste Kojen und ein Deckshaus mit Sitzplätzen für die ganze Besatzung. Hierin befindet sich auch ein großer Kartentisch und darunter eine Pantry. Auf der anderen Seite liegt die Toilette. Da das Deckshaus die Sicht vom Kockpit aus beeinträchtigt, hat man es mit großen Fenstern versehen. Im Hauptschott mit mehreren Garderoben und Schränken kann eine Wärmeanlage untergebracht werden, die die beiden Schlafräume und das Deckshaus beheizt. Durch die getrennten Räume wirkt das Boot schon mehr wie ein Schiff, wozu auch die Segeleigenschaften beitragen. Der Segelplan ist so eingerichtet, daß das Boot auch unterbemannt gesegelt werden kann. Außerdem gibt es eine Segelversion mit höherem Rigg, da es sich gezeigt hat, daß das Boot untertakelt war.
„Distans 90“ wurde ursprünglich für Regatten gezeichnet, ist aber dann so umgeändert worden, daß er sich auch für das Tourensegeln eignet. An Stelle der ersten Balkenkonstruktion mit Netz hat man nun eine Brücke in Kunststoff mit einer Gondel für den Motor. Das Boot ist für höchstens 4 Personen gedacht, die sich die Räume in den beiden Rümpfen teilen können. Im Steuerbordrumpf liegt die Pantry und achteraus eine kleine Garderobe. Im Backbordrumpf hat man einen Sekretär mit Platz für die Navigationsausrüstung, und in beiden liegen vorn die Kojen mit einem kleinen Klapptisch. Da das Boot etwas untertakelt ist, läßt es sich sehr gut zum Familiensegeln verwenden, außerdem ist der Riesenplatz zwischen den Rümpfen das reinste Sonnendeck. Um Platz im Winterlager zu sparen, kann es leicht demontiert werden.
Für die Baumethode, die auf Seite 81 beschrieben worden ist, wurde ein 15-m-Katamaran mit der Typbezeichnung S 43 gezeichnet. Dieses Boot mit dem Namen „Stratos“ wurde von vier begeisterten Katamaranseglern in Uppsala (Schweden) gebaut. Man brauchte 17 000 Arbeitsstunden, und das segelklare Boot kostete etwa 130 000 DM, die eigenen Arbeitsstunden mitgerechnet.
Bei dieser Größe (Lüa 15,00 m, Büa 6,65 m) bietet die Konstruktion ganz andere Möglichkeiten zur bequemen Einrichtung und Platz für individuelle Wünsche als die zuvor genannten Boote. Man darf ja nicht vergessen, daß 80 m² Wohnfläche einer normalen Wohnung entsprechen.

„Dacapo 31". Länge 10,70 m, Länge WL 9,30 m, Breite 5,0 m, Deplacement 2,5 t, Segel 60 m².

„Dacapo 31" auf einer Probefahrt 1968.

„Stratos" hat vier Doppelhütten, und in den beiden Vorschiffen sind noch Reservekojen untergebracht. Der Salon von 4,0 x 3,5 m liegt in der Brücke zwischen den beiden Rümpfen und enthält neben einer bequemen Sofagruppe an StB den Eßplatz an BB im Anschluß an die Küche, die im BB-Rumpf untergebracht ist; überdies ist sie mit allem technischen Komfort ausgerüstet (Kühl- und Tiefkühlschrank, vierflammiger Herd mit Bratofen usw.).
Im StB-Rumpf liegt neben dem Salon die Toilette mit Dusche, WC und Waschmaschine; daneben befinden sich, wie auch in den Hütten, zwei große Garderoben.
In den Achterschiffen sind die Maschinenanlagen untergebracht (2 Perkin-Diesel von 50 PS), die eine gute Reisegeschwindigkeit garantieren. „Stratos" ging 1975 durch den Kanal über die Biscaya nach Gibraltar und segelt zur Zeit als Charterboot im Mittelmeer.

„Distans 90" in seiner ursprünglichen Form mit Aluminiumbalken und Tuchdeck. Hier auch mit einem balancierten Vorsegel ausgerüstet.

„Distans 90". Länge 9 m, Breite 4,5 m, Deplacement 1,2 t, Segel 31,5 m².

Hier sieht man einen „Distans 90" mit Balken aus Glas und Kunstharz, einem Tuchdeck nur im Vorschiff und einer Motorgondel zwischen den Rümpfen. Das Vorsegel ist nicht genügend durchgesetzt, das Großsegel hat einen zu kleinen Bauch im Topp. Außerdem ist Backwind von der Fock im Großsegel. Fiert man die Fock etwas weiter und holt die Großschot etwas dichter, kann man diesen Fehler vermeiden.

Kreuzertrimaran, Länge 8,66 m, Länge WL 7,52 m, Breite 5,53 m, Deplacement 1,1 t.

Die Zukunft der Mehrrumpfboote

Durch die Entwicklung von Tragflächen, anhebenden Riggs und leichteren Konstruktionen wird die Zukunft ganz andere Bootstypen aufweisen, als wir es heute gewohnt sind. Gewisse Möglichkeiten sind schon in den Kapiteln über Rigg, Konstruktion usw. angedeutet worden.
Dadurch, daß Mehrrumpfboote noch frei von traditioneller Belastung, wie ästhetische Normen, traditionsgebundener Bewertung der Seetüchtigkeit usw. sind, gibt es keine größeren Behinderungen, wie es die Entwicklung bis jetzt auch gezeigt hat. Durch die Einführung von Handikapregeln und Einheitsbooten wird die Entwicklung gewöhnlich gehemmt. Es wäre besser, wenn jedes Boot ein individuelles Handikap erhalten würde, das im Vergleich mit schon bekannten Booten ausgerechnet wird und sich bei Bedarf korrigieren läßt. Dieses Prinzip wird in England bei den sogenannten Porthsmouth Yardstick angewendet. Nach einigen Segelsaisons haben die meisten größeren Klassen einen Handikapfaktor erhalten, mit dem die gesegelte Zeit errechnet wird. Am einfachsten wäre es, wenn die Boote zu verschiedenen Zeiten starten könnten, so daß das Siegerboot auch als erstes über die Ziellinie segeln könnte.
Forschungen werden u.a. von der Gruppe AYRS (Amateur Yacht Research Society) vorgenommen. Viele Katamaransegler sind der AYRS angeschlossen. Erfahrungen und Versuche werden in einer Zeitschrift, die viermal im Jahr erscheint, veröffentlicht. Außerdem werden Ausstellungen, Treffen und Seglertage durchgeführt. Die Forschungen umfassen nicht nur Mehrrumpfboote, sondern auch rein konventionelle Typen. Durch diese Veröffentlichungen kann man für die eigene Forschung und Untersuchung Inspirationen erhalten.

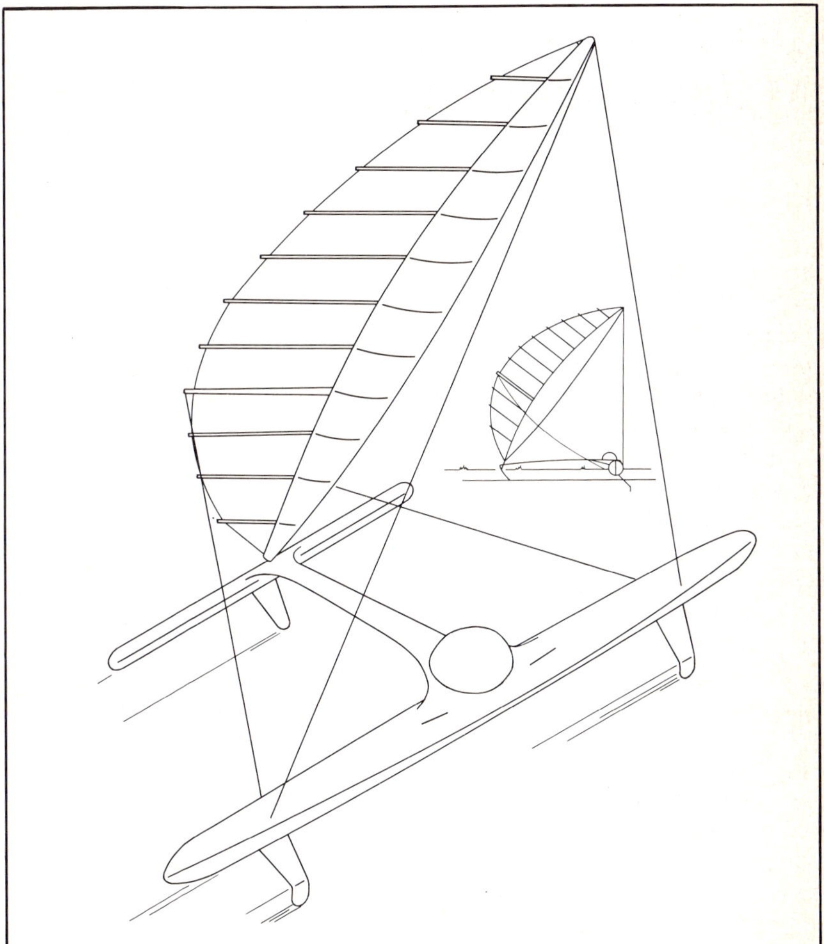

Fliegende Proa. Da der Wind bei einer Proa immer von derselben Seite kommt, unabhängig davon, in welche Richtung sie segelt, können die Gewichte niedrig gehalten werden. Diese Version ist mit einem Tragflügel und einem hebenden Rigg versehen, was das Boot theoretisch unkenterbar macht.

Oft werden Untersuchungen mit maßstabgetreuen Modellen durchgeführt. Um ein Vergleichsmaterial zu erhalten, sollte man sich an die internationale X-Klasse halten, in welcher fleißig mit Funksteuerung gesegelt wird. In dieser Klasse ist alles frei bis auf die Segelfläche, die 0,5 m^2 nicht übersteigen darf. Mehrrumpfboote dieser Art sollten relativ groß sein, da eine normale Windstärke für ein Modellboot ja schon Sturm bedeutet. Diejenigen, die untersuchen, forschen und viel lesen, entdecken bald, wie wenig man eigentlich von der ganzen Segelkunst weiß.
Außerdem kann es schwer werden zu bestimmen, was eigentlich ein optimales Boot ist, da ja dauernd neue Ideen geboren werden. In den folgenden Teilen dieses Kapitels sind einige Beispiele angeführt, die beleuchten, welche Möglichkeiten zur Verfügung stehen.
Eine Weiterentwicklung des Eingeborenenauslegers ist die hier gezeigte Proa. Das Boot hat ein anhebendes Rigg und Tragflügel. Der Wind kommt immer von derselben Seite, d. h., das Boot geht nicht durch den Wind, sondern legt sich auf halben Wind und startet dann in der neuen Richtung. Dadurch, daß das Rigg auf den Ausleger und außerdem schräg steht, wirkt es anhebend und ist ganz momentfrei, da die Hubkraft durch den Schwerpunkt des Bootes geht. Theoretisch kann das Boot also nicht kentern. Der Mast sitzt auf einer im Ausleger verankerten Achse, ist drehbar und zum Hauptrumpf hin verstagt, wodurch die Kraftkomponenten nur ziehend wirken. Die Riggdimensionen können dadurch klein gehalten werden. Beim Neigen des Riggs wird der Anfallswinkel zum scheinbaren Wind relativ klein, wodurch die Segelfläche sehr wirksam wird. Da das Boot theoretisch nicht kenterbar ist, kann es im Verhältnis zu seinem Gewicht ein großes Segel tragen. Das Boot ist natürlich nicht fürs Binnensegeln gedacht, da es einen großen Manövrierraum beansprucht.
Eine andere Möglichkeit von mit Tragflügeln ausgerüsteten Booten ist die, bei der die Flügel so groß sind, daß sie das Gewicht des Bootes tragen. Das größte Problem bei Tragflügelbooten ist, daß sie ein begrenztes Fahrtrevier haben. Für Motorboote ist das von untergeordneter Bedeutung, da sie nur von ihrer Motorkraft abhängig sind; aber bei Segelbooten steht die Geschwindigkeit ja in einem bestimmten Verhältnis zur

Das Tragflügelboot ist mit so großen Tragflügeln ausgerüstet, daß es von ihnen in der Ruhelage getragen wird. Um dem krängenden Effekt entgegenzuwirken, werden sie in den entsprechenden Winkeln angestellt.

Der einfache Ausleger ist mit dem auf Seite 25 beschriebenen idealen Rumpf versehen und mit einem Spaltrigg ausgerüstet.

Windstärke. Formt man das Schwert in solcher Größe, wie oben beschrieben, kann man das Boot auch bei leichtem Wetter segeln. Das größte Problem ist der Start. Durch die Beschleunigung und die Einwirkung des scheinbaren Windes wächst die Windgeschwindigkeit und das Boot hebt sich schnell auf die Tragflügel. Formt man dieselben so, daß sie ein niedriges AR = Länge-Tiefe-Verhältnis haben, vermeidet man auch das Problem des Luftsaugens in der Wasseroberfläche. Im Beispiel auf Seite 143 sind die Tragflügel drehbar angeordnet, so daß man ein aufrichtendes Moment vom Leeflügel erhalten kann, während der Luvflügel senkrecht steht. Die Neigung des Vorstevenflügels kann so angepaßt werden, daß das Boot nicht taucht. Um den Luftwiderstand zu verringern, ist der Mast freitragend und dreht sich um eine im Rumpf feststehende Achse. Dadurch vermeidet man alle Stage und Wanten mit ihrem großen Luftwiderstand.
Eine der interessantesten Lösungen, die durch die AYRS entstanden ist, ist der einfache Ausleger, nach seinem Erfinder Edmund Bruce „Bruce Foil" genannt. Auf dem Bild ist er mit dem auf Seite 25 beschriebenen idealen Rumpf, aus vier gleichen Teilen gebaut, versehen. Das Boot segelt konventionell und wendet wie gewöhnlich durch den Wind. Dadurch wirkt der Ausleger auf dem einen Bug anhebend und auf dem anderen herabziehend. Da alle Versteifungs- und Beanspruchungspunkte in der Mitte konzentriert sind, kann das Fahrzeug leicht gehalten werden. Es ist mit einem ungestagten Profilmast versehen, der jedoch sehr empfindlich für Strömungen, besonders auf der Leeseite, ist. Um dem abzuhelfen, ist es mit einem schmalen Vorsegel ausgerüstet und man erhält dadurch das patentierte Spaltrigg (siehe Seite 55). Ein Vorteil ist außerdem, daß sich sein Schwerpunkt auf den einzelnen Kursen nicht allzu verschiebt, da er dicht am Drehzentrum des gesamten Riggs liegt.
Im allgemeinen kann man sagen, daß die Segelei heute auf derselben Stufe steht wie das Flugzeug der Gebrüder Wright. Ein einem Segelflugzeug ähnelndes Fahrzeug (siehe Seite 146) mit hochstehendem Flügel und einem drehbaren Schwert sollte Geschwindigkeiten, die denen einer Eisyacht ähneln, erreichen können. Der Luftwiderstand wird zu einem Minimum verkleinert, weil der Rumpf des Bootes oder Flugzeuges, wie man es nun nennen will, immer im Wind steht. Dreht man nun das

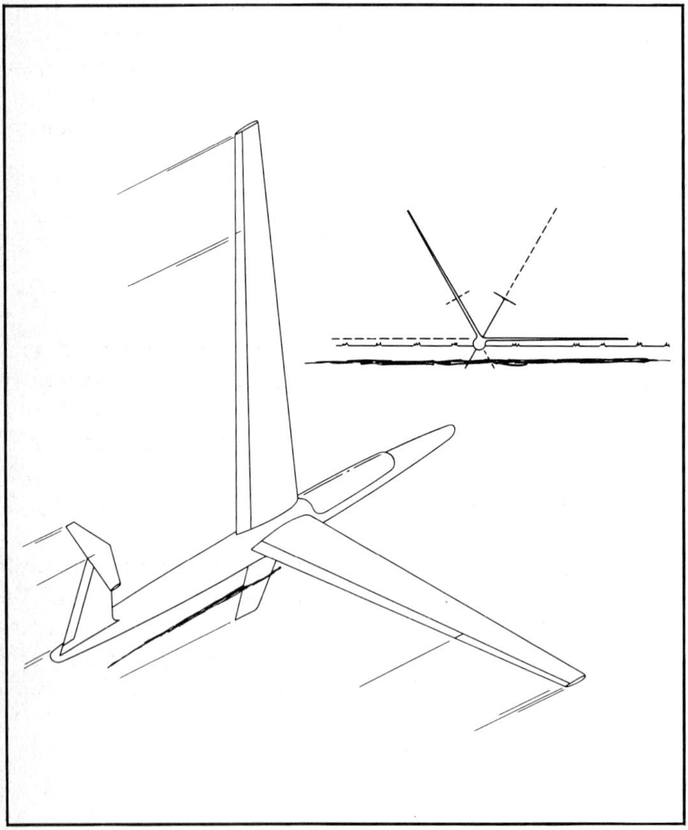

Vielleicht das Segelboot der Zukunft? Oder soll man es als tieffliegendes Segelflugzeug bezeichnen? Die Abdrift wird von einem drehbaren Schwert verhindert, aber es darf nicht so hoch fliegen, daß es den Kontakt mit dem Wasser verliert. Außerdem muß es wohl in Gang geschleppt werden.

Schwert, startet das Boot, indem es seitwärts weggleitet. Beruhend auf den scheinbaren Wind erreicht es schnell sein Fahrtmaximum und der Unterschied zwischen dem gesegelten Kurs und dem scheinbaren Wind wird so klein wie 1:25 oder, wie bei einem extremen Segelflugzeug 1:40. Die Schwierigkeit einer solchen Konstruktion liegt im Start. Eventuell muß man sie wie ein Segelflugzeug in Gang schleppen und außerdem ist wohl eine besondere Ausbildung des Seglers notwendig. Wegen der hohen Geschwindigkeiten braucht man große Wasserflächen. Das Boot muß immer in solcher Höhe über Wasser gesegelt werden, daß das Schwert nicht die Oberfläche verläßt, da ja darauf seine Fahrt voraus beruht.

Mit einem Drachen, der auf irgendeine Art steuerbar ist und statt über dem Boot seitwärts geführt werden kann, erhält man auch ein hebendes Rigg. Außerdem könnte es so hoch liegen, daß er nicht in den Windschatten des Ufers kommt. Ein derartiger Drachen müßte natürlich bedeutend effektiver gemacht werden, als es die konventionellen sind. Durch ihr schlechtes Länge-Breite-Verhältnis gehen sie nicht hoch genug an den Wind.

Würde man die Kenntnisse vom Segelfliegen besser ausnutzen, würde man bedeutend bessere Boote, als es bis jetzt der Fall ist, haben. Die Absicht dieses Kapitels war, dem Leser Anregungen zum Weiterdenken zu geben und Lust zum Experimentieren zu wecken. Die Katamaransegler debattieren ja gern und alle neuen Vorschläge sind willkommen. Eventuell können sie zur AYRS weitergeführt werden.

Stichwortregister

Informationsquellen

Bundesrepublik Deutschland:

Deutscher Segler-Verband, Adolfstraße 56, 2000 Hamburg 76

Deutscher Tornadoverband, Jörg Spengler, Äußere Sulzbacher Straße 57, 8500 Nürnberg

Österreich:

Österreichischer Segel-Verband, Prinz-Eugen-Straße 12, A 1040 Wien IV

Österreichischer Tornadoverband, Dr. Hans Proch, Lerchenstraße 33, A 5023 Salzburg

Schweiz:

Schweizer Seglerverband, Schwarzlohrstraße 56, CH 3000 Bern

Schweizer Tornadoverband, Richard Bischof, Seestraße, CH 9499 Altenreihn

Verfasser:

Heinz-Jürgen Sass, Hamngatan 12, S 18500 Vaxholm, Schweden